CEMENTERIOS EMBRUJADOS

Historias Reales que Ocurrieron en los Cementerios más Terroríficos

BLAKE AGUILAR

© **Copyright 2021 – Blake Aguilar - Todos los derechos reservados.**

Este documento está orientado a proporcionar información exacta y confiable con respecto al tema tratado. La publicación se vende con la idea de que el editor no tiene la obligación de prestar servicios oficialmente autorizados o de otro modo calificados. Si es necesario un consejo legal o profesional, se debe consultar con un individuo practicado en la profesión.

- Tomado de una Declaración de Principios que fue aceptada y aprobada por unanimidad por un Comité del Colegio de Abogados de Estados Unidos y un Comité de Editores y Asociaciones.

De ninguna manera es legal reproducir, duplicar o transmitir cualquier parte de este documento en forma electrónica o impresa.

La grabación de esta publicación está estrictamente prohibida y no se permite el almacenamiento de este documento a menos que cuente con el permiso por escrito del editor. Todos los derechos reservados.

La información provista en este documento es considerada veraz y coherente, en el sentido de que cualquier responsabilidad, en términos de falta de atención o de otro tipo, por el uso o abuso de cualquier política, proceso o dirección contenida en el mismo, es responsabilidad absoluta y exclusiva del lector receptor. Bajo ninguna circunstancia se responsabilizará legalmente al editor por cualquier reparación, daño o pérdida monetaria como consecuencia de la información contenida en este documento, ya sea directa o indirectamente.

Los autores respectivos poseen todos los derechos de autor que no pertenecen al editor.

La información contenida en este documento se ofrece únicamente con fines informativos, y es universal como tal. La presentación de la información se realiza sin contrato y sin ningún tipo de garantía endosada.

El uso de marcas comerciales en este documento carece de consentimiento, y la publicación de la marca comercial no tiene ni el permiso ni el respaldo del propietario de la misma.

Todas las marcas comerciales dentro de este libro se usan solo para fines de aclaración y pertenecen a sus propietarios, quienes no están relacionados con este documento.

Índice

Introducción	1
1. Cementerio de Bachelor's Grove	5
2. Greyfriars Kirkyard	15
3. Cementerio #1 St. Louis	23
4. Cementerio Goodleburg	31
5. Cementerio de Key West	39
6. Cementerio de la iglesia episcopal de St. Paul	47
7. Cementerio Huguenot	53
8. Cementerio Bonaventure	61
9. Cementerio Metairie	69
10. Cementerio del occidente de Maine (Western Cemetery)	77
11. Cementerio de Booth Hill	87
12. Cementerio Unión	99
13. Cementerio Richmond	105
14. Cementerio Stull	117
15. Cementerio Highgate	133
16. Cementerio Peace Church (Iglesia de la paz)	143
17. Cementerio el Campo Santo	153
Conclusión (¡que duermas bien!)	167

Introducción

No todos aquellos que yacen dentro de los cementerios descansan. Aunque es posible que la mayoría de los difuntos hayan dejado ya esta vida, también podría ser que la esencia de algunos seres hayan permanecido dentro de estos lugares, y frecuentemente estos pueden no ser amistosos o no estén listos para ser molestados. Las injusticias, el dolor y el despojo que han vivido estas ánimas, así como muertes violentas o inexplicables, les confunden tanto que es imposible para sus almas encontrar el descanso que merecen.

La fascinación por los eventos paranormales y las experiencias extrañas no son un rasgo tan común entre las personas; solemos huir de aquello que no entendemos, nos confunde o nos causa miedo. Sin embargo, si tú eres una de esas personas maravilladas por lo inexplicable, lo curioso e incluso lo siniestro, este libro está hecho para ti y sus relatos te transportarán a otros lugares, épocas y circunstancias que seguramente te dejarán mucho qué pensar.

Desde gritos misteriosos y tristes hasta sentir el roce de una mano invisible, mucha gente se ha encontrado con algo que no es de este mundo en los cementerios descritos en este libro. Puedes imaginar, por ejemplo, el estacionar tu vehículo una noche al borde de una cerca de tela metálica que rodea un cementerio rural olvidado. Con las luces del automóvil aún encendidas, tú y tus amigos comienzan a salir de él cuando de repente notan movimiento en la hierba alta de la ladera inclinada, iluminada por los faros del auto. La hierba se dobla como si alguien estuviera caminando por ella, ¡pero no hay nadie a la vista!

Lo que resulta sumamente perturbador es que las visitas nocturnas a algunos de los cementerios discutidos en este libro no son necesarias para que te suceda algo siniestro. Por ejemplo, Greyfriars Kirkyard en Escocia es conocido por enfermar a las personas a plena luz del día, incluyendo dolores de pecho, desmayos y náuseas. Por supuesto, dicha área fue un espectáculo de terrible violencia y crueldad, como aprenderás más adelante.

Muchas personas han hecho incursiones nocturnas en terrenos reservados para los muertos, solo para salir asustadas, horrorizadas o incluso locas. Si bien uno podría esperar que los espíritus fantasmales tomarían venganza contra aquellos que vandalizaran sus lugares de descanso (como parece ser el caso de Bachelor's Grove y su guardia fantasma, el primer relato que exploraremos), algunos fantasmas discutidos en estas páginas parecen tener la intención de causar temor y angustia, solo por diversión.

Hay muchos tipos de fantasmas que parecen acechar en los cementerios, entre ellos aquellos que fallecieron a una edad temprana y que tienden a ser dulces y juguetones; las víctimas de asesinatos y violencia que parecen deambular y buscar respuestas; las víctimas de extrema injusticia que tienden a ser más violentas y también aquellos guardianes cuidadosos que resguardaron a los cementerios durante su vida.

Los fantasmas que se analizan en este libro también incluyen animales, como perros, gatos e incluso caballos, vistos en cementerios de todo el mundo. Algunos son inofensivos y simplemente siguen con sus vidas como si aún estuvieran vivos y no supieran que su vida terrenal llegó a su fin, mientras que otros, como los perros del infierno, son agresivos hasta el momento en que desaparecen de la vista. Por supuesto, también puede que encontremos a otros seres espeluznantes, que en realidad no podríamos clasificar ni en la clasificación humana ni en la animal.

El mundo de los misterios y las historias inexplicables es basto, hay mucho que saber y mucho por lo que asombrarse; también mucho que prevenir, pues no sabemos si en algún momento podríamos hacer algo que moleste a un fantasma preocupado por conservar en el mejor estado posible su lugar de descanso eterno, o si simplemente nos encontraremos con alguien a quien le divierta el vernos perder la cabeza.

¿Estás listo/a para adentrarte en las espeluznantes

historias de cementerios encantados de todo el mundo? ¿Preparado/a para maravillarte, sorprenderte, o incluso aterrarte por las historias aquí descritas? ¿Has tenido alguna vez algún encuentro cercano con este tipo de entidades? Si es así, no esperes dormir mucho esta noche, ya que conocerás algunas de las historias más perturbadoras que se cuentan en diversos cementerios a lo largo del mundo.

1

Cementerio de Bachelor's Grove

UBICACIÓN
Midlothian, localidad de Bremen, condado de Cook, Illinois

El cementerio de *Bachelor's Grove* en las afueras de Chicago es uno de los lugares más embrujados de la zona. Lo que una vez fue un cementerio pacífico que también funcionaba como un área de picnic y baño para familias, dio un giro oscuro.

Los avistamientos comenzaron a ocurrir después de que algunos adolescentes comenzaran a usarlo como un lugar de reunión nocturno, realizando una amplia gama de actividades: desde el romance hasta el vandalismo y las prácticas ocultas.

. . .

Las lápidas fueron destruidas, volcadas, movidas y robadas, se excavaron tumbas y se profanaron los ataúdes. Se descubrieron restos de sacrificios de animales y, al parecer, los espíritus despertaron después de un largo y tranquilo sueño.

El que continúa arando

En la década de 1970, dos guardabosques vigilaban un antiguo y espeluznante cementerio, conocido por ser continuamente vandalizado. En el borde del cementerio se encuentra un lago de agua estancada, mientras los guardabosques conducían cerca de él, vieron algo inolvidable.

Del estanque, un poderoso caballo de granja emergió, esforzándose por levantar algo con él de las oscuras profundidades del agua. De repente, un anciano vestido con un mono gastado y una camisa de manga larga sale sosteniendo un arado del interior del estanque.

El hombre sujeta con fuerza las riendas del caballo y parece ajeno a todo lo que le rodea.

. . .

Era obvio para los guardabosques que el hombre, el caballo y el arado no eran reales en el sentido de estar físicamente ahí, sin embargo estaban. En silencio, el caballo y el granjero tiraban del arado hacia el bosque que bordea el cementerio y los guardabosques estaban atónitos y perplejos ya que ambos habían presenciado el avistamiento de un fantasma.

Este avistamiento en particular no es infrecuente en *Bachelor's Grove*. Parece que un granjero en la década de 1870 estaba arando un campo cercano cuando algo asustó a su caballo, lo que hizo que el caballo saliera corriendo con el arado y el granjero todavía detrás de él. El granjero no pudo detener al caballo cuando se precipitó hacia el estanque (que se rumora era bastante grande, bonito y no albergaba agua estancada en ese momento).

Cuando el caballo comenzó a hundirse bajo el peso del arado, el granjero se sumergió con él, enredado en las riendas e incapaz de liberarse a tiempo; tanto él como el caballo murieron en el estanque.

De acuerdo con los avistamientos, parece que todavía no ha terminado con su trabajo. Algunos dicen que si lo llamas, él y el caballo (¡y el arado!) desaparecen lentamente de la vista.

. . .

Sitio de entierro de la mafia

El estanque tiene su propia historia oscura, ya que se usó como vertedero de cuerpos para diversos asesinatos de la mafia en las décadas de 1920 y 1930. No solo se han encontrado numerosos cuerpos en el estanque, también se han recuperado armas de él.

Posiblemente es debido a este estallido de violencia que también se ha documentado el avistamiento regular de un hombre jorobado que emerge de las profundidades de las aguas del estanque a altas horas de la noche. Otros han escuchado sonidos de discusiones acaloradas provenientes de la dirección del estanque, pero al llegar al lugar de las voces se encuentran con que no hay nadie alrededor.

Casa fantasma

Una de las apariciones más desconcertantes de las que se habla en el cementerio de *Bachelor's Grove* no es ni de una persona ni de un animal, sino de una casa misteriosa.

Varias personas han informado haber visto una casa de campo de dos pisos con estructura blanca, antigua y atractiva, con un pórtico y un columpio. Desde una de las ventanas se puede ver el atractivo resplandor de una lámpara.

Sin embargo, cuanto más se acerca una persona a la casa, más pequeña se vuelve ésta, hasta que desaparece por completo de la vista. También hay algo más en este rompecabezas. La casa nunca parece aparecer dos veces en el mismo lugar, a veces puede encontrarse en el camino que conduce al cementerio, otras veces aparece en el cementerio y otras veces se puede ver en algún lugar cercano.

Para hacer las cosas aún más interesantes, los historiadores no han encontrado una base física para este avistamiento, ya que nunca hubo una casa de ese tipo en el área.

Existe la teoría de que la casa existía con tanta fuerza en la mente de alguna persona enterrada cerca, que su imagen entra en escena cuando aparecen ciertas personas sensibles. Este avistamiento sigue siendo un misterio definitivo.

Cuidador

. . .

El cementerio ha tenido el mismo cuidador durante muchos años. Por supuesto, los cuidadores han ido y venido, han sido contratados y jubilados; sin embargo, hay un hombre que siempre permanece en escena. Es bastante fiel al tratar de desanimar a los adolescentes y a los vándalos, a pesar de que no ha vivido durante muchos años.

Un joven describió su encuentro con él con considerable detalle: mientras se acercaba al cementerio por la noche, con planes menos que honorables, un anciano apareció repentinamente frente a él. Describió al hombre como el común estereotipo de un viejo cascarrabias, vestido con ropa gastada y holgada, y portando una escopeta bastante amenazadora.

El anciano, que se cree que tiene alrededor de 70 años, le dijo que se largara, ya que él no tenía nada que hacer en el cementerio. De repente, un gran Doberman pinscher se paró al lado del anciano, y en ese momento el joven no se dio cuenta de que estaba hablando con un fantasma y su perro. Pensó que eran muy reales, y la vista de una escopeta y un perro amenazador y gruñendo fuertemente fue suficiente para hacerle cambiar de opinión acerca de perder el tiempo en el cementerio.

. . .

Posteriormente, se dio cuenta de que el anciano no emitió ningún sonido cuando se acercó. No se oía el crujir de las hojas, ni el ruido de los pies moviéndose, ni el ruido de pisadas en el suelo endurecido. Además, el perro no se acercó corriendo al lado del cuidador, sino que se materializó de la nada cuando el joven apuntó con su linterna al hombre.

Lentamente, el joven comenzó a retroceder, pero al hacerlo, el perro dio unos pasos hacia él. Se volvió para correr y miró hacia atrás solo para no ver nada: el viejo cuidador y el perro se habían ido, desapareciendo tan silenciosamente como habían aparecido.

Cuando revisó el área a la mañana siguiente, descubrió que no había un cuidador nocturno del cementerio y que la apariencia del hombre no coincidía con la descripción del cuidador diurno. También descubrió que había otros que se habían encontrado ya con este anciano. La idea de volver a enfrentarse ante un equipo de seguridad fantasmal con una escopeta fue suficiente para reducir sus actividades de medianoche en el cementerio.

La dama blanca

· · ·

Mucha gente ha visto a una mujer vestida de blanco deambulando por el cementerio, a menudo llevando a un infante pequeño en brazos y sollozando abiertamente. La gente la ha llamado Sra. Rogers y se cree que fue enterrada junto a su hija pequeña, ya que muchos informaron haberla visto cerca de la lápida de un niño marcada únicamente con las palabras "*pequeña hija*", quien aparentemente murió tan rápido que ni siquiera se logró darle un nombre.

Solo podemos imaginar el dolor y la tristeza de la madre que dejó atrás.

La mujer afligida, también conocida como la *Madonna* de *Bachelor's Grove*, camina por el cementerio sin rumbo fijo, con la cabeza gacha y los hombros cayendo de la manera más lastimosa, como si estuviera caminando en otro mundo que solo ella puede ver.

Esta alma siempre parece extremadamente triste, haciendo a quienes la han visto sentirse sumamente conmovidos por su dolor; sin embargo, nunca parece notar la presencia de los vivos. Hay una fotografía inquietante que se cree que es una fiel imagen de la dama blanca sentada en un banco, con un vestido largo y blanco.

. . .

Su cabello llega hasta sus hombros, y no tiene un bebé en brazos, sino que sus manos descansan sobre sus rodillas y sus piernas se observan juntas, con un pie extendido un poco más que el otro. En la imagen aparenta estar absorta en sus pensamientos.

Conclusión

Se han producido muchos otros avistamientos inexplicables en *Bachelor's Grove*, incluidos numerosos avistamientos de un monje fantasma caminando lentamente por el cementerio en dirección a la carretera. Otros han visto orbes de luz, que parecen cambiar de color a lo largo de los años. También aparecen misteriosas nieblas de colores que han sido captadas en fotografías, al igual que numerosos fantasmas. Cualquiera que sea la aparición que haga su presencia, está claro que Bachelor's Grove está bombardeada con ellos.

2

Greyfriars Kirkyard

UBICACIÓN

Edimburgo, Escocia

Greyfriars Kirkyard existe desde hace cientos de años, y si alguna vez hubo algún cementerio con motivos para albergar a un fantasma enojado y vengativo, es Greyfriars. Se considera uno de los sitios más embrujados de toda Gran Bretaña y posiblemente el cementerio más embrujado del mundo.

Inicios

. . .

Greyfriars comenzó como un pequeño jardín de hierbas para un grupo de monjes franciscanos, pero les fue expropiado para utilizar el terreno como cementerio. A lo largo de los años, el cementerio siguió creciendo y ocupando cada vez más espacio. Ahora hay alrededor de 700 bóvedas en *Greyfriars*, pero se estima que este cementerio alberga entre 100.000 y 250.000 cuerpos.

Trabajos recientes de plomería revelaron la presencia de huesos a menos de medio metro debajo de la hierba. Muchas de estas tumbas sin nombre pertenecen a indigentes y víctimas de la plaga que fueron arrojados allí sin ceremonia alguna, en fosas profundas, olvidando sus lugares de descanso final. Sin embargo, hay mucho más en la historia de *Greyfriars*.

Historia violenta y sangrienta

El robo de tumbas se volvió desenfrenado en diferentes momentos, ya que los médicos en formación necesitaban cuerpos humanos para diseccionar y los hombres de mala reputación estaban más que felices de suplir esta nueva necesidad, sin el consentimiento de la familia del fallecido.

. . .

Solo por esa razón, muchas tumbas en *Greyfriars* están encerradas dentro de una jaula de hierro, no para mantener a los muertos dentro, sino para mantener a los vivos fuera (o al menos eso es lo que afirman los historiadores). Sin embargo, hay una razón aún más horrible que el robo de tumbas para que *Greyfriars* sea un lugar embrujado y se puede resumir en un nombre: George *"Bluidy"* MacKenzie.

MacKenzie fue un abogado escocés, declarado perseguidor y asesino de *covenanters* escoceses en 1638. En algún momento, hizo que 1.200 hombres fueran llevados a una prisión en un área que ahora es parte de *Greyfriars*.

Después de cuatro meses, solo 400 hombres salieron de ahí con vida. Estos valientes hombres fueron torturados por los guardias y tratados como si no fueran humanos. A los que murieron se les colocó la cabeza en las púas de la cerca que rodeaba el cementerio y luego se les enterró en tumbas sin nombre.

Cuando MacKenzie finalmente murió, fue enterrado en *Greyfriars*, a poca distancia de la prisión del horror que estableció bajo los auspicios de su gobierno.

· · ·

Inmediatamente circularon rumores de que la bóveda de MacKenzie estaba encantada y los lugareños creyeron esto con tanta fuerza en cierto momento, que un hombre buscado por la policía se escondió con mucho éxito en la bóveda, porque estaba seguro de que nadie soñaría con abrirla, y tenía razón.

Sin embargo, cualquier actividad paranormal ocurrida en *Greyfriars* a lo largo de los años no fue nada comparada con los violentos ataques que comenzaron alrededor de 1999.

Algo se despierta

En 1999, un vagabundo deambulaba por la zona en busca de refugio ya que estaba lloviendo y hacía mucho frío. Observando el área, decidió que el mejor refugio sería uno de los mausoleos. De todas las bóvedas funerarias en *Greyfriars*, eligió la que pertenecía a la familia MacKenzie.

El hombre rompió fácilmente las cerraduras de la puerta de la bóveda y entró. Sin duda, el aire mohoso le disgustó, pero el lugar era buen refugio del duro clima de fuera.

Sin embargo, tomó una decisión muy mala al abrir uno de los ataúdes para usarlo como cama, una mala decisión en la bóveda de cualquiera, pero especialmente en la de la familia MacKenzie.

De los siete o más ataúdes alojados en la bóveda de los MacKenzie, el hombre eligió el ataúd que pertenecía nada menos que a *"Bluidy"* MacKenzie. Mientras el hombre luchaba por abrir la tapa del ataúd, se horrorizó al sentir que el suelo bajo sus pies cedía. Sin él saberlo, la bóveda de MacKenzie se construyó inmediatamente sobre uno de los pozos donde se arrojaba a las víctimas de la peste; por lo que el vagabundo cayó en un enorme mar de huesos humanos de las víctimas de la plaga.

Gritando y aterrorizado, logró salir del pozo, salir de la bóveda y salir corriendo del cementerio. Parecería que molestó a alguien o algo esa noche. Siempre se había rumoreado que *Greyfriars* estaba embrujado, pero nunca como lo fue después de esa noche.

Unos días después de la violación de la bóveda de MacKenzie, una mujer pasaba sola frente a la puerta de la bóveda.

Hizo una pausa por un momento, cuando un sentimiento de lo más antinatural la invadió; de repente se sintió mareada y todo comenzó a volverse negro lentamente.

. . .

Uno de los trabajadores del cementerio corrió a su encuentro, mientras la mujer se hallaba inconsciente de espaldas frente a la bóveda de "*Bluidy*" MacKenzie. A primera vista, pensó que la habían estrangulado hasta la muerte, ya que su garganta estaba cubierta de hematomas en forma de dedos.

Afortunadamente, la mujer no estaba muerta. Cuando volvió en sí, no sabía nada de los moretones, aunque tenía dolor en la garganta. Lo que sea que sucedió, ocurrió después de que ella se desmayó o fue tan horrible que su mente se negó a recordarlo. Eso marcó el comienzo de los ataques más violentos en Greyfriars.

Cacería violenta en Greyfriars

Imagina estar con un grupo de turistas aprendiendo sobre la historia de *Greyfriars*.

Todo va bien hasta que de repente, un miedo terrible parece abrumarte, tu corazón comienza a latir con fuerza y te das cuenta de que has manchado tu ropa. Alguien más en tu grupo de turistas se desmaya repentinamente, lo que te permite aprovechar esa oportunidad para salir del cementerio mientras ocultas discretamente tu pequeño "accidente".

Este es un suceso común en *Greyfriars*; la gente se desmaya, se ensucia y huye aterrorizada sin motivo alguno. Algunas personas han sido abofeteadas, golpeadas, quemadas, cortadas, arañadas, agarradas y otras incluso han sido estranguladas. Hay otros que han sufrido ataques repentinos de náuseas, vómitos y palpitaciones cardíacas graves; erupciones cutáneas y marcas de quemaduras han aparecido repentinamente, sin explicación y han olido olores extraños que aparecen y desaparecen repentinamente.

Hay personas a las que algo les ha arrancado la piel y les han dejado una herida con sangre, otros insisten en que sintieron telarañas en la cara y trataron de alejarlas, solo para darse cuenta de que no había telarañas en esa área y sus compañeros se burlaron de ellos. Al parecer, algo les tocó, pero no era algo que pudiera verse a simple vista.

Voces lloran desde la prisión *Covenanters* ahora vacía, ya que las torturas que sucedieron allí parecen haber dejado una huella para la eternidad. Las personas observan tanto puntos fríos como calientes y las baterías de la cámara y el teléfono se agotan repentinamente. También sienten a veces que las siguen y ven sombras acechando a su alrededor.

Orbes y anomalías suelen aparecer en fotografías tomadas dentro del cementerio, los periódicos locales han publicado imágenes de las secuelas de las visitas a *Greyfriars*. Si bien cualquier escéptico probablemente podría explicarlas, las personas que han estado en el extremo receptor de estas lesiones insisten en que no existe una explicación física para lo que experimentaron. Sin duda *Greyfriars* es muy activo.

Conclusión

Algunas personas insisten en que la entidad no es nadie más que el propio MacKenzie, pero, curiosamente, ninguno de los psíquicos, sensitivos o clarividentes que han visitado *Greyfriars* lo han mencionado por su nombre.

Un espiritualista/exorcista llamado Colin Grant intentó un exorcismo de lo que fuera que se encontrara en *Greyfriars*, pero no tuvo éxito y murió una semana después de un ataque al corazón… ¿Puede que fuera una coincidencia acaso?

3

Cementerio #1 St. Louis

UBICACIÓN

Nueva Orleans, Louisiana

La tierra en Nueva Orleans está por debajo del nivel del mar, lo que significa que los cuerpos deben ser enterrados por encima del suelo. Esto lo convierte en un lugar con cementerios inquietantemente hermosos que realmente parecen pequeñas ciudades para los muertos. Las bóvedas y los mausoleos sobre el suelo están dispuestos en lo que parece un laberinto azaroso, con caminos y giros repentinos.

Algunas tumbas son hermosas, mientras que otras han sido dañadas por huracanes o vándalos. Si bien este puede ser el lugar de descanso final para muchos, parece que no todos descansan. De todos los cementerios de Nueva Orleans, el cementerio no. 1 de St. Louis tiene fama de ser el más embrujado.

Marie Laveau: Reina del vudú

El nombre de Marie Laveau es sinónimo de vudú. Entre mediados y finales del siglo XIX, fue verdaderamente la reina del vudú de Nueva Orleans y fue temida y admirada por innumerables personas durante su vida e incluso después de su muerte. Cuando falleció, el gobierno local intentó ocultar su tumba para que no se convirtiera en un santuario, pero en eso fallaron.

Una de las razones por las que este cementerio ya no está abierto al público en general (aunque se pueden realizar visitas guiadas) es la profanación de la tumba de Marie Laveau. Hace muchos años, un guía turístico inició un rumor sobre que hacer ciertas marcas en su bóveda le permitiría responder a cualquier solicitud que le hicieran, ¡puedes imaginar los resultados!

Si tienes la oportunidad de entrar en St. Louis # 1, podrás ver la tumba de Marie al igual que la de su hija con bastante facilidad. Las suyas serán las dos bóvedas con la mayor cantidad de marcas y baratijas colocadas a su alrededor.

Aunque se fue hace muchos, muchos años, parece que Marie sigue siendo una mujer bastante poderosa. Un hombre que visitaba el cementerio cometió el grave error de pisar la sección de tierra que comprendía la tumba de Marie e inmediatamente una mano con gran fuerza le abofeteó la cara duramente, pero no se veía a nadie.

Con una mano sobre la parte abofeteada de su rostro, se dio la vuelta, pero no había otra alma cerca de él. Luego miró de cerca la tumba con la que casi había chocado, cubierta de baratijas y marcas; se dio cuenta de que era la tumba de Marie Laveau. No hace falta decir que aprendió la lección de tener cuidado por donde caminaba.

Otros han informado haber sido pellizcados, arañados o empujados al suelo, todo por manos invisibles y todos junto al lugar de enterramiento de Marie Laveau.

Algunas personas se han enfermado repentinamente, solo para darse cuenta de que estaban junto a su tumba cuando el incidente sucedió. Ella parece ser muy hostil hacia aquellos que son irrespetuosos con su lugar de entierro.

Sin embargo, no siempre es invisible, se ha visto a Marie Laveau caminando por el cementerio utilizando su turbante rojo con blanco y vestida con ropa hermosa y colorida de una época diferente; algunos la han visto caminar tranquilamente, mientras que otros la han escuchado cantar. A menudo desaparece repentinamente de la vista, y es entonces cuando la gente se da cuenta de que en lugar de encontrarse con un practicante de vudú moderno, es posible que hayan visto a la Reina del vudú.

Una mujer dejó una ofrenda en la tumba de Marie, en la que explicaba los diversos cigarrillos, artículos de bisutería, baratijas, recuerdos, etc. que facilitarían el entendimiento de su bóveda. Cuando esta mujer se volvió para unirse al grupo de turistas, vio a una mujer muy alta y majestuosa caminando cerca con la cabeza en alto, el cabello sujeto por un turbante y vestida con un traje de luto.

Impresionada por su apariencia y su atuendo bajo el terrible calor de Nueva Orleans, la mujer la miró durante un rato. Nunca pareció notar a nadie que pasara junto a ella o reconociera su presencia. Esta mujer alta, de piel oscura y majestuosa finalmente desapareció rápidamente de la vista. ¿Fue el espíritu de Marie Laveau?

Algunos han visto lo que creen firmemente que es Marie Laveau, pero no como persona. Los avistamientos reportados de un perro negro enorme y un cuervo negro anormalmente grande haciendo guardia en las cercanías de su tumba son comunes. Otros han informado de una boa constrictor grande y oscura que se desliza entre las tumbas por la noche... Tal vez sea el fantasma de la mascota de Marie o una encarnación física de su espíritu inquieto.

Henry Vignes: Sin lugar de descanso final

Henry Vignes fue un marinero y un vagabundo sin ningún lugar al que llamar hogar excepto una bóveda en St. Louis # 1. Puede que no haya tenido un lugar de descanso durante su vida, pero Henry estaba decidido a tener uno después de su muerte, aunque esto no funcionó como él pretendía.

Todo sucedió durante el siglo XIX cuando Henry se preparaba para emprender otro largo viaje por mar y dejó algunos papeles a la propietaria de la pensión en la que se hospedaba. Él confiaba en esta mujer ciegamente e incluyó la escritura de su lugar de entierro con los papeles, sin embargo, sus papeles se extraviaron y la mujer desalmada vendió su parcela.

Cuando Henry regresó a Nueva Orleans para recuperar sus papeles, descubrió la traición. Sin embargo, antes de que pudiera emprender acciones legales, falleció, y fue enterrado en una tumba sin nombre en el área de indigentes de St. Louis # 1. A lo largo de los años, más de una persona que visita el cementerio ha descrito exactamente el mismo avistamiento…

Una joven se encontraba al final de un grupo de turistas con su cámara en la mano tomando fotografías, hacía mucho calor y bochorno, como suele suceder en Nueva Orleans, y cuando se estiró para secarse algunas gotas de sudor de la frente, vio a un hombre alto y apuesto que se le acercaba. Se le describió con cabello rubio y hermosos y penetrantes ojos azules, vistiendo una camisa blanca pasada de moda y un par de pantalones oscuros.

Ella rápidamente acomodó su cabello hacia atrás en perfecta posición mientras él se acercaba. Cuando hicieron contacto visual, él le preguntó cortésmente, con un acento de lo más encantador, si sabía dónde estaba ubicada la bóveda de los Vignes. Ella dijo que no, y él entonces se inclinó levemente de manera educada y luego desapareció ante sus ojos.

. . .

La joven no se atrevía a creer que el hombre con el que acababa de hablar era un fantasma. Hasta el día de hoy, ella insiste en que él parecía tan real, tan vivo y tan vibrante, tan humano. Esa es una de las cosas inusuales de Henry: nadie cree que pueda ser un fantasma hasta que desaparece. Él incluso ha sido capturado en algunas fotos, pero sin duda Henry es un fantasma, lo que ciertamente es una decepción para muchas de las jóvenes que lo han encontrado.

También ha sido visto por los asistentes a los funerales en St. Louis # 1. La gente ha descrito a un joven con cabello rubio y ojos azules acercándose a las familias durante el funeral, preguntando si podría haber espacio para una persona más en la bóveda (como nota, estas bóvedas suelen albergar a varios miembros de la familia). Cuando responden bastante indignados en negativo, el joven se da vuelta y desaparece.

Conclusión

Desde fantasmas de soldados de la Guerra Civil hasta voces que piden ayuda desde el interior de las tumbas, e incluso gatos fantasmales también, St. Louis #1 se considera un semillero de actividad paranormal. Este cementerio es el hogar final de aristócratas, piratas, mendigos, practicantes de vudú, católicos devotos, soldados y criminales. No es de extrañar que allí ocurran cosas fuera de lo común.

La gente ha sentido que les han tocado cuando no hay nada ni nadie cerca y han visto figuras oscuras entrando y saliendo de las tumbas. Otras experiencias impactantes han tenido lugar, y a pesar de que a la gente no le gusta hablar de ellas, eso no descarta que el cementerio de St. Louis # 1 sigue siendo un hervidero de sucesos paranormales.

4

Cementerio Goodleburg

UBICACIÓN

Sur del pueblo de Wales, condado de Erie, Nueva York

Este punto de acceso paranormal estuvo activo desde 1811 hasta 1927. Del tamaño de una pequeña aldea, muchas de las lápidas parecen haberse perdido debido a 2 principales factores: el paso del tiempo o el vandalismo. Aunque este cementerio puede ser pequeño, alberga algunos fantasmas muy activos.

Curiosamente, algunas personas dicen que la palabra "*Goodleburg*" significa "colina de los necrófagos".

¿No es ese un nombre encantador para un cementerio? Además de las oscuras actividades que tuvieron lugar en él, es muy posible que el cementerio de *Goodleburg* sea también un cementerio de nativos americanos y las áreas cercanas que se encuentran bastante desoladas, sirvieran como vertederos de masas.

Consecuencias de la carrera del Dr. Albert Speaker

Se presume que uno de los fantasmas del cementerio de *Goodleburg* es el Dr. Albert Speaker, médico forense de profesión, pero también un abortista descuidado que parecía haber cometido tantos abortos ilegales como los que realizó con éxito.

Convenientemente, su casa estaba ubicada frente al cementerio, lo que le permitió deshacerse de los cuerpos fetales sin que las autoridades descubrieran sus actividades ilegales. Las madres que no sobrevivieron a sus abortos fueron arrojadas cruelmente en un estanque bastante profundo, que se encuentra dentro de los límites del cementerio en la parte trasera del mismo. Según los informes, este vertido de cadáveres se realizaba en medio de la noche al amparo de la oscuridad.

Después de años de manejar un negocio paralelo como abortista ilegal, el Dr. Speaker se encontró sospechoso en el asesinato de la Sra. Helen Lindeman en 1948, quien encontrada asesinada y desmembrada, con partes de su cuerpo dispersadas por varios lugares. Antes de que el caso pudiera ir a los tribunales, el Dr. Speaker se ahorcó de un árbol en el mismo cementerio en el que se había deshecho de tantos cuerpos. Sin embargo, otros afirman que murió de un ataque cardíaco.

Aunque no fue enterrado en *Goodleburg*, parece que este hombre no ha abandonado la zona. Más de un grupo de aspirantes a cazadores de fantasmas se ha atrevido a merodear por los terrenos del cementerio a altas horas de la noche solo para encontrarse con un hombre vestido con una bata blanca de laboratorio.

Presumiblemente se trata del Dr. Speaker, los testigos han informado que camina por el cementerio de noche como un hombre con un propósito, no deambulando, ¿tal vez regresando de dejar a un paciente? Sin embargo, otros afirman haber visto la forma de un cuerpo colgando de uno de los árboles del cementerio, balanceándose hacia adelante y hacia atrás… Curiosamente, esta aparición suele manifestarse el primer viernes de cada mes.

Una imagen espantosa provino de una caza de fantasmas realizada en Goodleburg. Ésta muestra una especie de niebla, con forma de humano, pero retorcida y flotando sobre el suelo, sostenida por una mano. Su rostro es evidente y la boca se abre de par en par como si gritara.

¿Es este el Dr. Speaker o quizás una de sus víctimas?

Esa misma noche, un grupo que utilizó una grabadora de voz capturó las escalofriantes palabras: "¿Dónde está mi bebé?". Otros han visto las figuras de mujeres vagando al borde del cementerio y asumen que son las desafortunadas madres que murieron a manos del Dr. Speaker, negándose a ser olvidadas. Se rumorea que sus huesos aún llegan a la orilla del estanque después de lluvias muy fuertes. A menudo hay también una ráfaga de viento fuerte seguida de gritos, incluidos los de un bebé, que emanan del estanque y es posible ver muchas nieblas y sombras inusuales cerca del estanque.

Un puñado de visitantes experimentó los fantasmas más escalofriantes, horribles y antinaturales que ofrece el cementerio de *Goodleburg*.

Imagínate vagando por el pequeño cementerio con una linterna y equipo en la mano cuando de repente, percibes movimiento por el rabillo del ojo, y girando la cabeza y la linterna para ver mejor entre las lápidas, ves figuras diminutas que varían en tamaño, desde un feto hasta un bebé muy pequeño, medio gateando, medio arrastrándose por el suelo. Sin duda, tú también saldrías corriendo del cementerio.

Ah, y no te sorprendas si, cuando regreses a tu vehículo, las huellas de las manos de un niño pequeño están en las ventanas.

La Dama de Blanco

Otra figura común en el cementerio de *Goodleburg* es la Dama de Blanco. Un visitante del cementerio, como muchos otros, vio a una mujer de aspecto frágil con un vestido blanco deambulando por la carretera mientras pasaba por el cementerio. Se detuvo para ver si necesitaba ayuda, solo para que desapareciera antes de que él pudiera acercarse.

También ha sido vista en y alrededor de áreas cercanas al cementerio. Muchos creen que es una de las desafortunadas pacientes del Dr. Speaker.

Sabuesos del infierno

. . .

Una de las historias más inusuales que cuentan los visitantes es la de encuentros con perros del infierno o *barghests*. Son un tema común en el folclore inglés y una vista frecuente alrededor del cementerio de *Goodleburg*.

Por ejemplo, una noche, un visitante del cementerio vio a un enorme perro negro observándolo de cerca. Estaba un poco intimidado por el tamaño del perro, pero esa precaución se convirtió en miedo cuando notó que los ojos del animal brillaban con un extraño color verde. El hombre giró para regresar corriendo a su coche cuando escuchó un aullido sobrenatural.

Puede que veas a un solo perro negro enorme con ojos rojos o verdes, sin embargo, estos sabuesos del infierno a menudo viajan en grandes manadas.

Se cree que son los sirvientes del diablo y los precursores de la muerte, han sido avistados tanto en el cementerio como en sus alrededores.

Sus momentos favoritos para visitar parecen ser la tarde o la noche. Los testigos afirman que su aullido no es natural y tiene un horrible sonido maligno. Teniendo en cuenta la oscura historia del lugar, no es de extrañar que estuvieran presentes los sabuesos del infierno.

La maldición

Algunas personas afirman que hay una maldición en el cementerio de *Goodleburg* que se aplica a quienes lo destrozan, le quitan artículos o molestan a sus residentes. Los rumores indican que el castigo va desde sufrir una mala suerte hasta ser dañado/a de alguna manera, e incluso la muerte.

La leyenda de la mala suerte parece ser cierta porque muchos de los que han sacado algo del cementerio a menudo lo han devuelto con bastante rapidez después de experimentar una desgracia tras otra.

Parece que aquellos cuyos restos se encuentran dentro de *Goodleburg* no tienen la intención de dejar el enjuiciamiento del vandalismo en manos de la ley, sino que toman las cosas en sus propias manos.

Conclusión

La oscura historia del cementerio de *Goodleburg* sin duda contribuye a la actividad fantasmal tanto en su interior como en sus alrededores. Personas en sombras, orbes coloridos, nieblas colgantes, gritos y figuras son vistas comunes. Las luces extrañas, las áreas heladas, los sonidos de dolor y duelo y una sensación general de inquietud no son inusuales. Los perros del infierno, los bebés fantasmas y las madres olvidadas parecen estar entre sus habitantes.

Muchos han visto huellas diminutas y huellas de manos en el suelo y en las lápidas. Incluso hay un granjero con apariencia de Amish que ha sido visto a plena luz del día, y no olvides que el primer fantasma del que se haya informado sobre su existencia fue un nativo americano alto y orgulloso. Si visitas el cementerio de *Goodleburg*, no dejes que los perros del infierno te alcancen o serás maldecido/a.

5

Cementerio de Key West

UBICACIÓN

Solares Hill, isla de Key West, Florida

Uno de los lugares más populares y embrujados de la isla de Key West es el cementerio con el mismo nombre.

Conocido por su hermosa ubicación y por encontrarse lleno de pollos ferales e iguanas tomando el sol, también puedes encontrar algunos espíritus famosos a los que les gusta pasar el rato aquí.

En el cementerio de Key West se encuentran alrededor de 100.000 personas enterradas, es un cementerio de 19 acres popular entre los lugareños y visitantes, ¡hay más personas enterradas ahí que las que viven en Key West! En 1847 se estableció este cementerio debido a que un huracán azotó el área y mató a muchas personas, arrasando también con muchas de las tumbas ubicadas en otros cementerios dentro de la isla.

Hay muchas tumbas en este cementerio que se destacan.

Algunas de ellas cuentan con epitafios divertidos, mientras que otras parecen agregar más historia al cementerio. Por ejemplo, una de las tumbas más visitadas en Key West es la de una mujer llamada B.P. "Pearl" Roberts. La lápida dice: *"Te dije que estaba enferma"*. Muchos visitantes piensan que esto es increíblemente divertido y algunas personas dicen que ella era hipocondríaca y que sus médicos nunca pudieron encontrar nada malo en ella cuando iba a verlos. Esta no es la única lápida interesante del cementerio.

Con muchas referencias a libros y obras de teatro, una lápida dice: *"Hasta luego y gracias por todos los peces"*, que es una referencia al libro de Douglas Adams.

Si tienes un sentido del humor como el mío, te encantarán los siguientes mensajes escritos en algunas otras lápidas del cementerio, incluyen: *"Siempre soñé con ser dueño de un lugar pequeño en Key West"*, *"Si estás leyendo esto, necesitas desesperadamente un pasatiempo"*, *"Solo estoy descansando los ojos"*, entre otras. Claramente, las personas enterradas aquí tenían sentido del humor y querían que sus familiares y amigos siguieran adelante, incluso en sus muertes.

También hay muchos favoritos locales enterrados en este cementerio. Aquí está enterrado el dueño del bar favorito de Ernest Hemingway, junto con muchos soldados de la Guerra Hispanoamericana. Hay un monumento en el cementerio en memoria de los 260 marineros que murieron cuando el USS Maine explotó en el puerto de La Habana en 1898. El cementerio muestra su dedicación a los hombres y mujeres que han servido a Estados Unidos de muchas maneras, sin embargo, también hay diversas historias extrañas y fantasmagóricas dentro de este cementerio,

Un cuento retorcido del cementerio de Key West

No solo hay algunas tumbas divertidas aquí, también hay historias de sucesos morbosos y retorcidos.

Las siguientes son solo algunas de la gran cantidad de historias de fantasmas y leyendas urbanas de este cementerio que han llegado a la gente.

• • •

La primera historia es la del conde Carl Von Cosel, quien hizo algo que nadie en Key West pensó que vería o escucharía: ¡robó el cuerpo de Elena Milargo Hoyos de su tumba! Seguro te estarás preguntando cuál es la historia entre estos dos personajes: Carl era un tecnólogo en radiología y ayudó a muchos de sus pacientes que padecían tuberculosis. Elena Hoyos fue una de ellas.

Von Cosel desarrolló una enferma obsesión hacia Elena.

Cuando la conoció por primera vez, dijo que era la mujer que había visto en toda su vida; era joven, hermosa y todo lo que él quería en una mujer. Ella era conocida como una de las mujeres más bellas de Key West en ese momento, por lo que probablemente él no era el único hombre obsesionado con ella. Al menos los otros hombres mantenían su distancia.

Carl dijo que podía curarla con su extenso conocimiento médico, ya que sabía cómo usar el nuevo equipo eléctrico y de rayos X. Mientras se desempeñaba como su médico, la colmaba de regalos caros y le repetía cuánto la amaba; sin embargo, ella nunca le mostró ningún afecto. Elena murió en 1931 y Carl pagó por su funeral, también le pidió permiso a sus padres para construirle un mausoleo sobre el suelo en el cementerio de Key West. ¡La visitaba todas las noches!

. . .

Una noche de abril de 1933, Carl tuvo una idea "brillante". Se coló en el cementerio y fue a la tumba de Elena, llevando consigo un carro de juguete que nadie pensó que fuera llamativo en ese momento. Robó el cuerpo de la tumba y lo colocó en su carro, pensando en que si la llevaba a casa con él, su espíritu volvería a la vida; incluso dijo que escuchó la voz de Elena diciéndole que la llevara a casa con él.

Compró pelucas para ponérselas y reemplazó parte de su piel con yeso de París, llenó su cuerpo en descomposición con trapos para ayudar a mantener su forma. Vistió también al cadáver con medias y muchas joyas, además de que usó grandes cantidades de perfume en el cuerpo.

Circulaban rumores por Key West de que había estado durmiendo con un cadáver, por lo que la hermana de Elena se enfrentó a él. El cadáver fue descubierto y Carl fue arrestado y llevado a juicio, aunque el caso eventualmente se abandonó. El cadáver se exhibió y tuvo miles de morbosos visitantes; posteriormente fue enterrado de nuevo, pero esta vez en un lugar donde Carl nunca lo encontraría.

Los seres del más allá

. . .

Si la historia anterior no te asustó, ¡hay muchos otros sucesos de este cementerio que seguramente lo harán! Los visitantes del Key West han escuchado constantes crujidos en el área, aunque éstos podrían ser fácilmente los pollos salvajes que deambulan libremente aquí, al igual que iguanas a las que es posible ver tomando el sol en algunas de las lápidas durante el día. ¿Crees que estás listo/a para ir a visitar el cementerio? Es posible que desees volver a pensarlo cuando leas la siguiente historia.

Los viajeros de las Bahamas solían ir a Key West para ganarse una mejor vida o para encontrar un cónyuge en la isla; el fantasma atrapado en el cementerio de esta historia fue en vida una mujer de las Bahamas.

Grupos de turistas, miembros del personal y visitantes han dicho que han visto a esta mujer en el cementerio durante el día y la noche.

Este fantasma es diferente a los otros que se encuentran vagando por el área, ya que ella se enoja terriblemente cuando es vista. Se molesta mucho cuando los visitantes se sientan sobre las lápidas o si caminan sobre las tumbas del cementerio. Mucha gente dice que está enojada porque estas personas le faltan el respeto a los muertos y ella está ahí para protegerles.

Hay personas que han visto a este fantasma y dicen que se sienten muy amenazados por su presencia. Cuando se acercan para verla, ella desaparece en el aire. Sin embargo, este no es el único fantasma que se dice que ronda este cementerio.

Imagina que estás caminando por el cementerio de Key West y escuchas voces, así que decides girar a la derecha y cambiar tu camino para seguir a la voz. Cuando te acercas a ésta, puedes notar que suena como una niña y que ella está tratando de que la encuentres, está jugando contigo y realmente quiere que la sigas.

Continúas siguiendo la voz que escuchas y cuando te detienes, ves la tumba de una niña que murió cuando solo tenía doce años. ¿Podría ser esta la voz que escuchas?

¿Está intentando decirte algo?

Muchos visitantes del cementerio han dicho que escucharon a una niña llamándolos y cuando siguieron la voz, nunca había nadie allí. Simplemente terminaron en la tumba de una niña. ¿Podría ser esta la pequeña persona que intenta que la acompañes? ¿Podría estar intentando decirte algo? Nadie lo sabe con certeza, pero estos visitantes dijeron que no se sentían asustados ni enojados o resentidos por esta voz.

Sin embargo, aquellos que han visto a la mujer de las Bahamas, se sintieron de manera muy diferente. Los visitantes que han visto a la mujer bahameña, afirman que estaba muy enojada y tenía esa extraña sensación de protección del cementerio. Algunos psíquicos han visitado la tumba donde ella pasa el rato y dicen que está buscando a alguien. No están seguros de si busca a alguien que le hizo daño cuando estaba viva, pero ella está muy enojada con aquellos que llegan.

Conclusión

Indudablemente el cementerio de Key West ha sido testigo de diversas tragedias, albergando almas tanto tiernas como furiosas, que luchan por encontrar un descanso apropiado. No importa cuándo vengas a visitar este cementerio, ten cuidado con los espíritus con los que te encuentres. ¡Nunca se sabe si están enojados o simplemente buscan jugar al escondite contigo!

6

Cementerio de la iglesia episcopal de St. Paul

UBICACIÓN

Calle Duval, isla de Key West, Florida

También ubicada dentro de la isla de Key West, la iglesia episcopal de St. Paul's ubicada en el número 401 de la calle Duval en Key West fue establecida en 1831, con la primera Sacristía construida en 1833. La iglesia ha sido destruida por huracanes e incendios y ha sido reconstruida varias veces.

La tierra fue otorgada originalmente en 1832 por la viuda de John William Charles Fleming, uno de los propietarios originales de la isla de Key West. La única condición establecida por la Sra. Fleming fue que los restos de su esposo nunca debían ser sacados de esta tierra. Sus restos aún descansan allí, aunque se desconoce la ubicación real de su tumba. Las frecuentes ocurrencias de fenómenos inexplicables a lo largo de los años han contribuido a la especulación de que la tumba fue cubierta en una de las muchas reconstrucciones de la iglesia, posiblemente perturbando a uno o más de los espíritus que descansaban allí.

Históricamente, la Iglesia de St. Paul fue formada por un acto oficial del Ayuntamiento de Key West. En una petición al obispo de Nueva York, el Ayuntamiento solicitó que se enviara un sacerdote y se estableciera la Parroquia de St. Paul. En 1831, el consejo notificó una reunión pública para establecer una Iglesia Episcopal y se nombró un comité.

La iglesia, que fue construida en 1838, originalmente estaba hecha de roca de coral y sorprendentemente fue totalmente destruida por un huracán el 11 de octubre de 1846. A lo largo de su pasado, esta vieja iglesia ha sufrido varios desastres más, incluidos otros huracanes y el Gran Incendio de Key West el 31 de marzo de 1886.

Hoy, el hermoso edificio, que ha sido completamente restaurado, es un lugar de culto popular para la comunidad cercana a él; y para aquellos que encuentran refugio religioso y espiritual en St. Paul, es un remanso de paz. Pero para otros, especialmente aquellos interesados en lo paranormal, el cementerio ofrece una experiencia totalmente diferente.

Apariciones extrañas

Detrás de la iglesia hay un pequeño jardín y un cementerio conmemorativo donde muchos han afirmado haber presenciado la aparición vaporosa de un hombre con atuendo del siglo XIX y, a veces, otro espíritu fantasmal que parece ser un capitán de mar legendario que asusta a los visitantes. Es aquí donde muchos han tenido encuentros misteriosos e incluso aterradores, porque este es un lugar donde los espíritus deambulan, buscando perseguir a todos los que lo visitan.

El fantasma más conocido del cementerio de la iglesia de St. Paul es el de un hombre con atuendo del siglo XIX que aparece como un débil vapor blanco. Muchos creen que es el espíritu del propio Fleming, quien además parece molesto.

¿Será porque su tumba fue perturbada tantas veces a lo largo de los años por todas las reconstrucciones? Nadie lo sabe con certeza. Pero su aparición ha sorprendido a muchos.

. . .

Otro espíritu que parece vagar por el cementerio es un capitán marino que parece disfrutar mucho asustando a los visitantes. Y cuidado con el fantasma de un hombre que fue en su momento legendario por expulsar a los piratas de Key West. Su espíritu está enojado y listo para burlarse, y aquellos que se han encontrado con su aparición dicen que incluso en un día en que el clima está en calma, los vientos violentos atraviesan un árbol que se encuentra justo al lado de su tumba.

Un ángel nos resguarda

El Capitán Marino y el hombre enojado no son los únicos fantasmas que permanecen en este pintoresco cementerio. También se han visto y oído los espíritus de varios niños, especialmente cerca de la estatua de un ángel en el cementerio.

Los niños fueron enviados a una muerte ardiente cuando un pastor intentó quemar la iglesia. Descubrió que su esposa y el diácono estaban teniendo una aventura y entró en un ataque de celos. Sin darse cuenta de que los niños todavía estaban dentro de la iglesia, prendió fuego al lugar, atrapando y matando a los niños. Se ha visto a sus espíritus acurrucados alrededor del ángel; y muchos han escuchado sus voces. ¿Quizás encuentren consuelo al quedarse allí y estar en presencia de un ángel?

Conclusión

Una visita a esta histórica iglesia y cementerio es de hecho una experiencia, no simplemente para disfrutar de su belleza, sino también para explorar la posibilidad de que los fantasmas realmente existan. Los sucesos misteriosos y espeluznantes que aquí ocurren sin duda siembran dudas (e incluso miedo y tristezas) hasta en aquellos más escépticos.

7

Cementerio Huguenot

UBICACIÓN

A1A Orange Street, San Agustín, Florida

Fundada en 1565, San Agustín tuvo cientos de años para acumular fantasmas de todos los ámbitos de la vida, incluidos millonarios, piratas y esclavos. Aunque es el hogar de menos de 500 almas, el cementerio Huguenot abrió en el año de 1821, justo a tiempo para dar cabida a las muertes causadas por una epidemia de fiebre amarilla.

Hay dos cementerios antiguos en San Agustín a tiro de piedra el uno del otro, el cementerio católico Tolomato, cerrado en 1884 y ubicado en la calle Cordova, y el cementerio Huguenot, justo enfrente de las antiguas puertas de la ciudad. Este último cementerio también tomaba la función de cementerio público.

El cementerio Huguenot es el cementerio más embrujado de la antigua ciudad, se podría decir que es un "centro de espíritus", por la cantidad de historias macabras sobre fantasmas tenues que se ven en los árboles, orbes de luces flotando entre las piedras o una joven transparente en un vestido blanco que aparece a veces entre la medianoche y las 2 de la madrugada en lo alto de las puertas de la ciudad.

Debido a la falta de conocimiento médico, la leyenda cuenta que la gente del pueblo aterrorizada enterró a muchas de las personas contagiadas con fiebre amarilla, incluidos niños, aún con vida. Los ataúdes exhumados de todo San Agustín muestran marcas de arañazos de personas que intentaron sin éxito escapar de entierros prematuros.

Los vivos ya no usan el cementerio Huguenot, pero los muertos todavía acechan el suelo.

Los viajeros informan sobre avistamientos de espíritus, puntos fríos y orbes misteriosos; algunos incluso presencian apariciones completas. Hay evidencia de, por ejemplo, un *poltergeist*, un juez ahora desdentado, murió de fiebre tifoidea. Otra alma fue tomada por fiebre amarilla a la edad de catorce años. Ambos habitan la propiedad, vagando por el cementerio como espíritus incorpóreos.

La mayoría de los visitantes informan de encuentros bastante benignos con los residentes no vivos del cementerio. Las mujeres afirman haber sentido fantasmas jugando con su cabello, mientras que muchas otras cuentan haber visto a un hombre sentado en los árboles riendo. Sin embargo, un fantasma más serio también acecha por estas partes.

¿En dónde está mi dentadura?

En este cementerio existen diversas historias; como se mencionó anteriormente, durante la epidemia de fiebre amarilla el cuerpo de una niña de 14 años con un vestido blanco fue arrojado a las puertas de la ciudad.

Nadie la reclamó nunca y fue enterrada en el cementerio Huguenot. Pero hablaremos de ella más adelante, ya que el mejor cuento de fantasmas es el del viejo juez John B. Stickney.

. . .

Después de la Guerra Civil, el juez Stickney se mudó de Massachusetts a St. Augustine, donde en diferentes momentos se desempeñó como fiscal estatal y fiscal de distrito. Pero para los sureños locales, él era solo otro pez gordo, politiquero y fanfarrón que aprovechó el período de la Reconstrucción.

En 1882, aunque se sentía bastante mal, el juez Stickney hizo un viaje de negocios a Washington D.C. Como el viaje fue largo y agotador, cuando el juez llegó a Washington se sentía muchísimo peor. Se llamó a un médico para que atendiera al juez, pero cinco días después, el juez Stickney estaba tan muerto como un clavo de puerta. La causa de la muerte se atribuyó a la fiebre tifoidea y una hemorragia cerebral, el juez dejó huérfanos a dos pequeños hijos.

El cuerpo del juez Stickney fue enviado a San Agustín para su entierro, donde se llevó a cabo un gran funeral en la Iglesia Episcopal Trinity que atrajo a todos los hombres de grandes pelucas y políticos de kilómetros a la redonda.

Fue llevado al cementerio Huguenot donde fue sepultado el 5 de noviembre de 1882.

. . .

Eso fue hasta 1903, cuando sus hijos lo desenterraron para volver a enterrarlo en Washington D.C. Este sería el segundo viaje del juez Stickney como hombre muerto entre Florida y Washington, pero esa no es la parte extraña de esta historia… George Wells fue contratado para desenterrar al juez y preparar sus restos para el viaje a Washington, una gran multitud se reunió a su alrededor para mirar boquiabierta mientras Wells sacaba el ataúd del suelo y abría la tapa.

Todos se sorprendieron al descubrir que después de veintiún años, el juez estaba en un excelente estado de conservación, pero aún muerto, por supuesto. Entonces la multitud trasladó su atención hacia un ruido en el camino: eran dos borrachos cantando y gritando. Lo siguiente que sucedió fue que estos dos hombres estaban en el ataúd manejando los restos del juez, ya que George había tomado un descanso y había dejado desprotegido al cuerpo.

El Sr. Wells ordenó a todos que se alejaran del ataúd y comenzó a poner todo en orden, pero faltaba algo. ¡Alguien había robado los dientes de oro del juez! Wells cerró la tapa del ataúd y envió al juez a Washington sin los dientes. Hoy en día, según las historias, todavía se puede ver al viejo juez Stickney deambulando por el cementerio Huguenot, presumiblemente, buscando sus dientes de oro, o quizás a los hombres que se los robaron. Si estás por ahí a medianoche, seguramente el juez agradecería tu amable ayuda.

* * *

El fantasma de la niña de catorce años

Una niña de catorce años no identificada es también habitante de este cementerio. Se cree que murió después de la exposición a la epidemia de fiebre amarilla y su cuerpo fue abandonado sin ceremonias a las puertas de la ciudad vieja. Nadie reclamó a la pequeña y su cuerpo fue enterrado en la tumba de un pobre.

Los entusiastas de lo paranormal afirman ver su espectro desconcertado. Algunos informan que su fantasma se pasea entre los árboles, otros dicen que lleva un vestido blanco y ralo cuando camina entre las tumbas.

Se la ve con frecuencia cerca de la medianoche, así que mantén los ojos bien abiertos.

Una rápida historia sobre el cementerio Huguenot

En 1821, solo unas semanas después de su adquisición como territorio de los Estados Unidos, la ciudad de San Agustín se vio afectada por la epidemia de fiebre amarilla. Según "*A History of the Huguenot Cemetery*" de Florence

Mitchell, entre trece y catorce personas, incluidos los soldados, morían de Plaga Amarilla por día.

El cementerio de Tolomato y sus terrenos consagrados estaban reservados para la comunidad católica, por lo que se hizo necesario un cementerio público protestante, y así nació el cementerio de Huguenot.

El cementerio operó entre los años de 1821 a 1884 y es el hogar de aproximadamente 436 almas de San Agustín.

Adquirido por el reverendo Thomas Alexander, más tarde fue vendido a la Iglesia Presbiteriana en 1832.

A finales del siglo XIX, los problemas de hacinamiento y saneamiento provocaron el cierre permanente del cementerio.

Conclusión

Al igual que en Nueva Orleans, el extenso musgo español, los enormes robles y la arquitectura de cientos de años hacen que la imagen de San Agustín sea perfecta para un escenario inquietante. De hecho, toda la ciudad se considera un cementerio. El gobierno local requiere una supervisión especial durante los proyectos de construcción para garantizar que el trabajo se detenga si los trabajadores desentierran una lápida o un ataúd.

Cada una de estas historias nos recuerda la fragilidad de la vida y lo importante que resultan ciertos asuntos pendientes para algunas almas, ¡puede que no descansen hasta que les ayudes a encontrar lo que tanto necesitan!

8

Cementerio Bonaventure

UBICACIÓN

Savannah, Georgia, Washington

Ubicado en el río Wilmington de más de 17 kilómetros de largo, a unos cuatro kilómetros del centro de Savannah, se encuentra un cementerio fascinantemente hermoso que ha sido descrito como una "catedral natural". Robles altos y estoicos cubiertos de musgo español se alinean en todos los senderos sinuosos de este cementerio, es un encanto inquietante debido a los numerosos monumentos elaborados y teñidos por el tiempo en todo el lugar.

Para compensar los grises y la tristeza, hay azaleas vibrantes y camelias que rebosan de color cuando florecen en primavera y verano. Los 100 acres de este lugar especial han despertado las emociones de generaciones de visitantes durante muchos años y sentirás que algo se agita en ti en el momento en que te acerques a la puerta principal. El cementerio Bonaventure es conocido por sus magníficas magnolias, cornejos y robles, coloridas azaleas e interesantes lápidas.

Este hermoso escenario ha hecho del cementerio de más de 150 años uno de los cementerios más fotografiados del país. Hecho famoso por su papel en la portada del *best seller*, Medianoche en el jardín del bien y del mal, Bonaventure invita a los turistas a pasar. Pero entre toda la belleza natural, hay un lado sobrenatural del cementerio que atrae a entusiastas de los fantasmas y visitantes curiosos de todo el mundo.

El espíritu más conocido aquí es el de la pequeña Gracie Watson, quien murió de neumonía a los 6 años. Una estatua que fue tallada en su honor se encuentra frente a su tumba y muchas personas colocan monedas y juguetes en la base de la estatua.

Aquellos que estuvieron cerca de su tumba han informado haber visto a la hermosa niña y otros han dicho que vieron lágrimas de sangre brotar de los ojos del ángel en su estatua.

. . .

Bonaventure tiene muchas otras estatuas elaboradas y los visitantes han contado historias de éstas haciendo muecas y sonriéndoles cuando al pararse frente a ellas. El cementerio no está exento de sonidos espeluznantes o inexplicables, como el de un bebé llorando cerca de la tumba de un recién nacido, de niños riendo o quizás lo más perturbador, los sonidos de una jauría de perros gruñendo y ladrando enojados. Nadie ha visto a los perros pero muchos los han escuchado.

Los cementerios no son los primeros lugares que saltan a la mente de los turistas ansiosos que buscan llenar un itinerario, pero hay algunos que desafían las expectativas...

El cementerio Bonaventure en Savannah, Georgia, es un lugar de descanso eterno en el sur de Estados Unidos que realmente se aprecia como una maravilla por derecho propio y comparable a la grandeza de cualquier contraparte parisina.

Comienzos encantados

La tierra fue comprada por primera vez en 1762 por un leal británico políticamente activo llamado John Mullryne. Después de que terminó la Guerra de Independencia de los Estados Unidos, los leales a la Corona Británica comenzaron a enfrentar persecución y las autoridades locales confiscaron la tierra del Sr. Mullryne, subastándola al público. La propiedad cambió de manos otras tres veces, hasta 1907 cuando fue adquirida oficialmente por la ciudad de Savannah en cuyas manos aún reside hoy. La ciudad luego declaró el terreno un cementerio público.

Como uno puede sospechar, hay muchas leyendas que se arremolinan sobre el cementerio de Bonaventure y que despiertan la imaginación de muchos que están cautivados con fantasmas y lo paranormal. Una novela que posteriormente se convirtió en una gran película, publicada en 1994, le debe mucho al cementerio y viceversa.

'Midnight In The Garden Of Good And Evil', de John Berendt, es un relato en primera persona de la vida en el Viejo Sur entretejido con un misterio de asesinato que presenta a Savannah como telón de fondo, y representa la estatua de una niña sosteniendo dos cuencos pequeños, uno en cada mano adornando su portada.

Cuenta la leyenda que la estatua está encantada por el fantasma de Lorraine Greenman, la niña que posó para la artista Sylvia Shaw Judson. La pequeña Wendy, como también se conoce a la estatua, fue una vez centinela sobre la tumba de la familia Trosdal; pero se volvió tan idolatrada como resultado de su fama literaria recién descubierta (ni siquiera era central en la trama del libro), que los propietarios donaron la estatua al Museo de Arte Telfair de Savannah para evitar su destrucción.

Otra escultura famosa que ha inspirado historias fantásticas es la de Gracie Watson o, como se le conoce cariñosamente, la pequeña Gracie. Es una niña fantasma muy famosa en Buenaventura, quien murió de neumonía en 1889 a una edad muy temprana. Su padre devastado le encargó una estatua para marcar su tumba. La niña de 6 años fue conmemorada en mármol por el artista John Walz con nada más que una fotografía.

Durante años, la gente ha informado haber visto a una niña que se ajusta a su descripción jugando en *Johnson Square*, donde una vez estuvo el hotel de su padre.

Si ves a una niña con un vestido blanco jugando en el cementerio o en *Johnson Square*, es posible que hayas visto al fantasma inocente de Gracie Watson.

La leyenda afirma que aparece como una niña viva normal que se desvanece sin dejar rastro cuando te acercas demasiado. Para algunos, la pequeña Gracie aún vive. Los visitantes le dejan juguetes para que se divierta, especialmente en Navidad, y afirman que llora lágrimas de sangre si se quitan sus juguetes.

Minerva la sacerdotisa vudú

Un personaje enigmático de la novela "Medianoche en el jardín del bien y del mal", está basada en una residente real de Savannah llamada Valerie Fennel Aiken Boles.

Ella falleció hace ya bastante tiempo, pero está inmortalizada en el libro, lanzando hechizos y maleficios y recolectando tierra del cementerio para usar en sus rituales. Esto ha llevado a los visitantes a ejercer la práctica de recolectar tierra como un recuerdo de Buenaventura.

En cuanto a relatos de primera mano de los residentes más famosos de Bonaventure que se materializan ante los visitantes, como el artista de grabación nacido en Savannah, ganador de un Grammy, Johnny Mercer o el ex poeta estadounidense Laureate Conrad Aiken, no hay tal suerte. Pero si visitas este lugar y escuchas las melodías lejanas de "Hurra por Hollywood" de la nada, es posible que quieras tomarlo como una señal.

Conclusión

. . .

Como San Agustín y Tombstone, Savannah tiene una reputación encantada. De hecho, muchos creen que puede ser la ciudad más embrujada de EE. UU., gracias en parte a la Guerra Civil. Los límites de la ciudad de Savannah contienen varios cementerios supuestamente embrujados, incluido el que muchos consideran el más embrujado del mundo: el cementerio de Bonaventure.

Rodeado de arquitectura victoriana y musgo español que gotea, la atmósfera de Buenaventura es ciertamente espeluznante, aunque hermosa. El cementerio está lleno de estatuas realistas que te dan la impresión de que siempre estás siendo observado. La gente afirma haber visto a las estatuas sonreír o incluso llorar lágrimas de sangre.

Una de las cosas más inquietantes del cementerio de Bonaventure son los niños fantasmas. Los visitantes informaron haber escuchado las voces y las risas de los niños y los bebés que lloraban. Este cementerio definitivamente no debe ser visitado por aquellos más sensibles.

9

Cementerio Metairie

UBICACIÓN

Nueva Orleans, parroquia de Orleans, Luisiana

El cementerio de Metairie, también conocido como cementerio de Lake Lawn Metairie, tiene más de 7,000 tumbas ubicadas en 150 acres de tierra. De todos los cementerios en el área metropolitana de Nueva Orleans, este es considerado el más hermoso y el más elaborado.

En 1838, el terreno que ahora comprende el cementerio era el hipódromo de Metairie.

. . .

La leyenda local habla de un hombre llamado Charles Howard que ganó una enorme suma de dinero en la corrupta Lotería del Estado de Luisiana. Solicitó ser miembro del Metairie Jockey Club, que era el propietario de la pista, y se le negó groseramente. Howard respondió diciendo que enterraría a todos los miembros.

Se dice que Charles utilizó una parte sustancial de sus ganancias de la lotería para influir en el club para convertir su preciosa pista de carreras en un cementerio. Los hechos, sin embargo, apuntan a un curso de acontecimientos ligeramente diferente: el hipódromo se convirtió en un campo de entrenamiento del ejército durante la Guerra Civil y nunca se recuperó realmente de sus muchas pérdidas. Se convirtió en cementerio en 1872.

Independientemente de cómo el hipódromo se convirtió en cementerio, la observación cuidadosa de cómo se colocan las tumbas y cómo se organizan las "calles" dentro del cementerio desmiente el hecho de que era una pista de carreras.

Según algunos, el primer fantasma apareció antes de que fuera un cementerio cuando un jugador desafortunado perdió una suma considerable de dinero y se ahorcó en el hipódromo. Al parecer, siguió "merodeando" por la pista de carreras después de su muerte.

Charles Howard

No es sorprendente que el propio Charles Howard esté enterrado en el cementerio de Metairie, su inquietud es bastante perturbadora. Un joven visitante del cementerio estaba caminando cerca del lugar de descanso final de Charles, ubicado cerca del centro mismo de los terrenos.

Al pasar, escuchó un sonido que lo heló hasta la médula y lo atormentó desde entonces: gemidos y otros ruidos que emanaban de la tumba de Howard.

Este no es un incidente aislado. Otros han escuchado ruidos fuertes provenientes de su memorial, lo que los hizo detenerse para escuchar en un intento de averiguar la ubicación de los sonidos. Los extraños que pasan por la tumba a menudo se detienen y se miran unos a otros para ver quién puede ser la fuente de los golpes y gemidos.

¡Parece que disfruta creando una conmoción tanto en la muerte como en la vida!

Jefe Honesto Hennessey

. . .

A finales del siglo XIX, durante una época de terrible corrupción y peligro para los hombres honestos, había un jefe de policía de Nueva Orleans llamado David Hennessey. Era un hombre honrado, muy querido y respetado por los ciudadanos de Nueva Orleans, pero no tanto por los criminales.

Después de que estallara una batalla entre grupos mafiosos rivales en las calles, el jefe Hennessey tomó una fuerte posición y comenzó una lista de delincuentes de "vigilancia". La mafia, que era principalmente italiana, notó que la mayoría de las personas en la lista eran italianas y lo calificó como un acto de racismo.

Poco tiempo después de que se estableciera la lista, el jefe Hennessey recibió un disparo frente a su casa.

No hace falta decir que la reacción de la policía fue arrestar a diecinueve sospechosos italianos, la mayoría fueron absueltos aunque se declaró la nulidad del juicio para varios; sin embargo, en lo que respecta a la comunidad, los asesinos no fueron llevados ante la justicia.

. . .

Una turba de ciudadanos se reunió y realizó un linchamiento masivo que cobró la vida de once hombres, tres de los cuales se encontraban entre los sospechosos italianos absueltos. Este sería uno de los peores linchamientos masivos en la historia de Estados Unidos.

Según los informes, el jefe Hennessey no está descansando. Más de un visitante del cementerio de Metairie ha presenciado a un hombre alto vestido con un uniforme de policía anticuado caminando por los terrenos del cementerio como si lo protegiera de vándalos e indeseables. Las descripciones proporcionadas parecen coincidir con las del jefe, quien puede sentirse obligado a llevar sus responsabilidades policiales más allá de la tumba.

La tumba en llamas

En un momento, hubo un distrito de luz roja conocida como Storyville en el área, su historia se extendió por veinte años, desde 1897 hasta 1917, y cuenta la historia de la señora más famosa del lugar. Josie Arlington, originalmente llamada Mary Anna Deubler, fue una gerente de burdel muy exitosa con un pasado problemático lleno de rechazo y dolor.

. . .

En sus años de juventud, Josie tuvo una reputación bastante violenta, que incluía morder las orejas y los labios de las compañeras prostitutas. Estaba decidida a hacerse un nombre en el negocio y lo hizo, especialmente después de la puesta en servicio del burdel en el que trabajaba, el Arlington, que era conocido por su experimentado personal de mujeres.

Sin embargo, el Arlington se quemó en 1905 y Josie nunca se recuperó por completo de la pérdida. Se obsesionó por completo con el tema de la muerte y compró una parcela entre los de más alto rango y los más poderosos de Nueva Orleans en el cementerio de Metairie.

Luego compró un elegante mausoleo con una estatua de una mujer de espaldas a las otras tumbas, diseñada para parecer como si estuviera en movimiento y buscando la entrada al mausoleo. Vestida con una túnica larga y suelta, está de pie sosteniendo un ramo de flores en una mano y estirándose hacia la puerta con la otra.

Josie murió en 1914 el día de San Valentín a la corta edad de quince años, y fue enterrada en su hermosa cripta. Se produjo tanta actividad inusual en su tumba que tuvo que ser trasladada a otro lugar dentro del cementerio, pero parece que su espíritu prefiere el lugar de descanso que compró y pagó.

Imagínate caminar cerca de su tumba por la noche y ver lo que parecen ser llamas rojas parpadeantes que atrapan tu atención. A medida que te acercas, te das cuenta de que esas llamas rojas son en realidad llamas esculpidas en piedra que brillan por sí mismas. Cuando Josie fue enterrada allí por primera vez, la gente afirmó que las luces que se reflejaban en la tumba hicieron que toda la estructura se iluminara en rojo, como si estuviera en llamas.

Así fue como su tumba recibió el apodo de "la tumba en llamas". Conociendo su forma de vida, esto hizo que la gente afirmara que brillaba como una puerta de fuego que conducía directamente al infierno.

Algunos visitantes de la tumba de Josie afirman que al disfrutar de la belleza de esta estatua, se mueve de repente. La mano, cuya palma está a unos centímetros de la puerta, de repente se convierte en un puño y comienza a golpear la puerta de bronce exigiendo la entrada a la tumba.

Otros visitantes han informado haber visto la estatua dejar su puesto para caminar entre las otras tumbas en el cementerio, quizás visitando el nuevo lugar de descanso de Josie.

. . .

Conclusión

No hay duda de que los fantasmas caminan por las pistas de carreras que ahora forman el cementerio de Metairie. Si planeas cometer actos de vandalismo o alguna otra forma de engaño, ten en cuenta que uno de los jefes de policía más valientes y honestos de Nueva Orleans todavía sigue el ritmo en Metairie. Sin duda intimidante en su vida, no se sabe de qué puede ser capaz como espíritu.

10

Cementerio del occidente de Maine (Western Cemetery)

UBICACIÓN

West End, Portland, Maine

El *Western Cemetery* se encuentra en el barrio West End de Portland, junto al Western Promenade de la ciudad. Este cementerio en forma de pastel tiene tres calles que rodean sus límites. Western Prom corre alrededor de la frontera sur en forma circular, Vaughn St. corre a lo largo de su límite este y Bowdoin St. es la más cercana a su límite norte, aunque hay una hilera de casas entre Bowdoin St. y el cementerio.

Visitar este pintoresco e histórico cementerio es una experiencia muy agradable. El área tiene una hermosa vista, ya que "desciende suavemente de norte a sur, con vistas a la cuenca del río Fore y el horizonte occidental". Las tumbas están esparcidas alrededor y entre parches de árboles.

Personas de todas las clases fueron colocadas aquí para tener (con suerte) un descanso eterno. También tiene una sección arbolada en donde los mausoleos familiares de los miembros más ricos de la sociedad todavía se mantienen orgullosos. Otros hermosos monumentos de piedra que no fueron vandalizados todavía adornan las tumbas. Algunas lápidas aún marcan el lugar de descanso de los difuntos, a pesar de todos los abusos que este cementerio sufrió hasta el año 2003, cuando se obligó a la ciudad a hacer un mejor trabajo para mantenerlo y restaurarlo.

Western Cemetery es el segundo cementerio más antiguo de Portland, Maine. Originalmente, esta tierra era parte de la propiedad del granjero George Bramhall a finales del siglo XVII. Desafortunadamente, el granjero Bramhall fue brutalmente asesinado por un ataque indio, durante la primera guerra francesa e india, llamada Guerra del Rey Phillips.

La tumba del granjero Bramhall fue probablemente una de las primeras tumbas excavadas aquí, quizás destinando esta tierra a ser un cementerio. Parte del área occidental era de hecho un cementerio, ya que una sección contiene los restos de muchos veteranos de la Guerra Revolucionaria y la Guerra de 1812, 17 años antes de que la ciudad de Portland lo comprara para ser el nuevo cementerio de la ciudad.

Cerca de este cementerio, un hogar para los pobres e indigentes también estuvo allí, pero fue demolido en algún momento. En 1829, los padres de la ciudad compraron el terreno y crearon *The Western Cemetery*. En 1841, se compró y agregó más terreno, completando los actuales 12 acres del cementerio. Western Cemetery fue el cementerio principal de Portland desde 1829 hasta 1852, hasta que se construyó el *Evergreen Cemetery* en Deering, un suburbio de Portland.

Una parcela de tierra comprada en 1841, antes conocida como Brown's Hill, se convirtió en la sección de cementerio católico de este cementerio occidental, ya que había una gran necesidad de tal sección. Muchos católicos irlandeses que habían emigrado de Irlanda para escapar de la infame hambruna de la papa se habían establecido en Portland.

De 1843 a 1882, 900 personas fueron enterradas en esta sección, muchos de ellos tenían vidas duras y llenas de estrés, y sus familiares esperaban que estos valientes inmigrantes pudieran finalmente encontrar descanso en un lugar tan hermoso.

. . .

Aunque nadie sabe el número de sus habitantes con certeza, debido a un incendio masivo a finales del siglo XIX, que quemó la mayor parte de Portland, y ante el pobre mantenimiento de registros realizado por el gobierno de la ciudad a lo largo de los años, se cree que 6.600 personas están enterradas en el cementerio occidental, llenando sus 12 acres enteros.

Se consideró que el cementerio occidental había sido comprado en 1910. El último entierro conocido ocurrió en 1987, en una parcela familiar establecida desde hace mucho tiempo. A lo largo de los años, la gente y el gobierno de la ciudad, que se suponía que estaban cuidando el Cementerio Occidental, han sido negligentes en su mantenimiento al considerar otras prioridades como una necesidad más urgente de recursos de la ciudad.

Por lo tanto, el mantenimiento y la restauración/protección de esta reliquia histórica, el Cementerio Occidental, se colocó al final de la lista. Es más probable que esto suceda cuando el gobierno de una ciudad o estado está a cargo de una propiedad que no se considera valiosa o que tiene problemas, lo que la hace sujeta a recortes presupuestarios.

. . .

Un cementerio completo ofrece pocas ganancias o beneficios prácticos, y tampoco podrían venderlo "tal cual". Al menos no intentaron trasladar la enorme cantidad de tumbas a otro cementerio y construir en la tierra otra cosa, o vender la tierra a un desarrollador.

A lo largo de los años, el cementerio occidental sufrió una gran cantidad de profanaciones graves y actos de vandalismo, ya que a nadie parecía importarle en absoluto. Se sabe, por ejemplo, que desde el 1 de julio de 1988 hasta el 1 de agosto de 1989, se profanaron 1.942 tumbas y también se robaron una numerosa cantidad de lápidas.

De las 900 tumbas de inmigrantes irlandeses, solo quedan 50 lápidas.

El domingo 15 de agosto de 1999, la División 1 de la Antigua Orden de los Hibernianos, en Portland, dedicó un marcador de piedra, marcando la Tierra Católica en un lado y recordando a los inmigrantes de la hambruna irlandesa que se establecieron en Portland en el otro lado, para tratar de honrar los muertos en esta sección católica del cementerio occidental, quizás para calmar las almas inquietas, perturbadas porque alguien les quitó sus lápidas.

. . .

El insulto supremo provino del Ayuntamiento de Portland, en el año 2000, quien declaró *que The Western Cemetery* era ahora el nuevo parque para perros sin correa, donde los perros eran libres de orinar y defecar sobre todo. Pensaron que se les había ocurrido un uso práctico para un cementerio completo.

Sin embargo, en junio de 2003, el Ayuntamiento de Portland fue llevado a la leñera, por así decirlo, después de que Paul O'Neill, quien era el presidente de la División 1 de la Antigua Orden de Internment.net, publicara un comentario enérgico. Paul encabezó la lucha con su comentario y, resumiendo sus argumentos, su punto principal era el siguiente:

"Lo que hace que el caso del Cementerio de Occidente sea tan indefendible es el hecho de que no solo se ha descuidado, sino que está siendo deliberada, activa, sistemática e implacablemente profanado con la bendición de la ciudad. La ciudad de Portland ha designado al cementerio occidental no como un parque, sino como un 'parque para perros sin correa'. Esto significa que en lugar de gastar unos pocos dólares para cercar un área apropiada para pasear y correr perros, se invita y se anima a los dueños de perros a que traigan a sus perros al cementerio occidental para que jueguen y hagan sus necesidades en las tumbas de las personas".

. . .

Estalló una tormenta de protestas, y después de un feroz debate entre los amantes de los perros y los ciudadanos preocupados frente al Ayuntamiento de Portland, los perros fueron desterrados del Western Cemetery y se creó un nuevo parque para perros en otra parte de la ciudad. Un proyecto de restauración de las tumbas comenzó en octubre de 2003, debido a una asociación pública/privada recién formada, entre los administradores del cementerio occidental y la ciudad de Portland. La ciudad de Portland financió exclusivamente la restauración de muchas de las tumbas familiares.

Aunque todavía faltan las lápidas, ahora se trata al Western Cemetery con el respeto que se merece. Sin embargo, se ha hecho daño y algunos espíritus todavía están inquietos.

Historias de manifestaciones

Cuando las tumbas son faltadas al respeto, profanadas o robadas las lápidas, a menudo los espíritus se inquietan y se enojan con los vivos. A lo largo de los años, ha habido informes de muchos espíritus inquietos que todavía deambulan por el cementerio, tal vez en busca de sus lápidas perdidas.

. . .

Se ha visto a las personas de las sombras a todas horas del día y de la noche. Quizás la gente haya sentido presencias invisibles o escuchado voces, quizás algunos fenómenos de voz electrónica (EVP)/imágenes se hayan grabado en cinta, ya que muchas fuentes afirman que Western Cemetery tiene muchos incidentes de actividad paranormal.

Es probable que los espíritus se encuentren enojados, ya que cuando un cementerio ha sido descuidado y traumatizado durante tanto tiempo como el que ha perdurado Western Cemetery, es lógico que algunas entidades estén molestas, confundidas y furiosas con aquellos que se suponía que estaban custodiando su lugar de descanso final.

El marcador en la sección católica debería calmar a algunos espíritus inquietos allí, pero otros que estaban pegados a sus lápidas todavía pueden estar deambulando, buscándolos. Muchos visitantes han visto, y probablemente escuchado y sentido la presencia de inquietos, arrastrados a este mundo por la negligencia y el vandalismo durante mucho tiempo cometidos en el Cementerio Occidental.

Conclusión

. . .

Probablemente muchas investigaciones paranormales; tanto científicas como psíquicas, se han realizado en Western Cemetery, pero tal vez no tienen permiso para revelar ningún detalle porque el Ayuntamiento de Portland no quiere las consecuencias de su mal comportamiento de mal mantenimiento y negligencia de al menos 70 años de Western Cemetery se muestre en exhibición a través de EVP u otra evidencia sólida recopilada.

11

Cementerio de Booth Hill

UBICACIÓN

Tombstone, Arizona

Por ser la "ciudad demasiado resistente para morir", Tombstone es irónicamente conocida por los muertos. Pistoleros, tiradores, diligencias, vagabundos: hasta las calles de esta ciudad evocan historias de los difuntos. Encontrarás muchas almas desafortunadas en Booth Hill, enterradas junto a los vaqueros asesinados en el tiroteo cinematográfico más salvaje del viejo oeste estadounidense. ¿Qué o quién atormenta a Booth Hill?

Los cementerios de Booth Hill fueron nombrados en honor a los "enterrados con las botas puestas", en donde se enterró a forajidos desde 1878-1884. Billy Clanton, Tom y Frank McLaury están enterrados en Booth Hill; y aunque algunos de los entierros son ficticios, se dice que el "Padrino" de Tombstone puede rondar el lugar.

¿Booth Hill está embrujado?

Ciertamente no es el primer cementerio de Tombstone, pero es el más notorio del lugar. Booth Hill, que lleva el nombre de los "enterrados con las botas puestas", enterró a forajidos de 1878 a 1884. Sus poltergeists no son una sorpresa.

Los viajeros informan de sombras espectrales, luces extrañas y sonidos espeluznantes. En la tienda de regalos de Booth Hill, la mercadería está inexplicablemente fuera de lugar, alterada y despeinada. El perchero de la sudadera gira por sí solo, sin ser tocado por manos humanas.

Las fotografías revelan apariciones invisibles a simple vista.

Billy Clanton es el poltergeist más popular, se dice que se levanta de su tumba cada noche y vaga por Tombstone, agitando su pistola. El "Padrino" de Tombstone es otra alma presente, aunque a menudo se hace referencia a su fantasma como "la dama de rojo", ¡así es, el Padrino es una mujer! Otros son testigos de fantasmas no identificados sobre tumbas sin nombre.

Fotografía Espiritual

La fotografía de espíritus es particularmente popular en Booth Hill. Las fotografías tomadas en el sitio a menudo revelan "invitados" inexplicables. Sin embargo, a diferencia de otras ocurrencias espectrales, estas apariciones aparecen con mayor frecuencia durante el día.

Una imagen infame grabó a un hombre empuñando un cuchillo detrás de parientes femeninas. Sin embargo, ambas mujeres alegaron que habían estado solas. ¿Quiénes son estos fugitivos fantasmas?

Susurros de una tumba sin marcar

Un periodista escuchó una vez una voz pequeña y extraña. El periodista se había detenido en una tumba sin nombre, donde pudo distinguir un tenue susurro: "fue amable de su parte hacer eso". Sobresaltado, el periodista dio un paso atrás, supuso que había confundido el sonido.

. . .

Sin embargo, una vez que el periodista dio un paso al frente una vez más, la voz volvió a hablar: "Regresaste. Te debe gustar mucho jugar conmigo". La voz sonaba confiada, pero infantil.

Pero fue cuando la voz empezó a reír, cuando el periodista entró en pánico. Detectó una sombra humana por el rabillo del ojo: una figura espectral que serpenteaba a través de las piedras. El periodista se quedó mudo, conmocionado. El fantasma desapareció. La tumba sin nombre fue todo lo que quedó.

El fantasma de "China Mary"

La imagen de una mujer vestida de rojo a veces se ve en Booth Hill. Los lugareños creen que ella es "*China Mary*", una figura importante en la historia de Tombstone.

Mary, o Sing Choy, era una astuta mujer de negocios que operaba la Tienda General de Tombstone y controlaba los fumaderos de opio de Tombstone. Mary también suministró lúpulo a las mujeres del Barrio Rojo de Tombstone, sirviendo como "Padrino" de la comunidad de Tombstone. Era una mujer generosa, conocida por su bondad y compasión.

Mary murió de un ataque al corazón en 1906, enterrada en Booth Hill. ¿Es por eso que hoy frecuenta el cementerio? ¿Es la "Mujer de rojo" de Tombstone?

El fantasma de Billy Clanton

Algunos dicen que Billy Clanton patrulla la propiedad antes de bajar por Allen Street. Clanton fue asesinado en medio de un tiroteo, por lo que es probable que su poltergeist permanezca cerca del lugar del conflicto. Clanton fue enterrado en Booth Hill; sin embargo, su espectro tiende a acechar en ambos lugares.

Entierros notables

Los marcadores notables incluyen al mariscal Fred White, asesinado por Curly Bill Brocius, y Tom y Frank McLaury, enterrados junto a Billy Clanton. Curly Bill y los McLaurys se perdieron en el famoso tiroteo de 30 segundos.

. . .

Jack Dunlop, "*Three Fingered Jack*", es otro residente de Booth Hill. *Three Fingered Jack* fue asesinado a tiros durante un intento de atraco.

La historia de Booth Hill

Utilizado entre 1878-1884, Booth Hill Graveyard tuvo un breve mandato. Originalmente se llamaba Tombstone Cemetery, y así fue conocido hasta que Frederick Bechdolt viajó a Tombstone en 1919. Bechdolt, un escritor occidental, cambió el nombre del cementerio a Booth Hill.

Hay pocos entierros en Booth Hill, probablemente porque el cementerio de la ciudad de Tombstone se estableció más tarde en 1884. Booth Hill había enterrado principalmente a forajidos.

Los familiares de ciudadanos respetuosos de la ley exhumaron y volvieron a enterrar a sus seres queridos en el nuevo cementerio, dejando Booth Hill a los criminales muertos. Lo que puede explicar las actitudes poltergeist de los fantasmas de Booth Hill.

. . .

A finales del siglo XIX y principios del XX, Booth Hill comenzó a deteriorarse. Tombstone estaba disminuyendo después del final del boom de la minería, y los entierros eran prácticamente escasos. El cementerio comenzó a acumular escombros, los marcadores se desintegraron o decoloraron. Frederick Bechdolt criticó la condición del cementerio en Tombstone en 1923, escribiendo que "el histórico y prácticamente único cementerio de Booth Hill que queda en Occidente estaba siendo descuidado".

El escrito de Bechdolt fue la primera vez que el Antiguo Cementerio se llamó "Booth Hill", un apodo que luego definiría la asignación. El artículo de Bechdolt volvió a situar a Booth Hill en el centro de atención, donde permanecería durante todo el siglo.

Conmemoración de los asesinados

Inspirándose en el artículo de Bechdolt, los Boy Scouts restauraron el cementerio en la década de 1920. Fueron ayudados por Harry Macie, quien pudo localizar los lugares de enterramiento de los McLaurys y Billy Clanton. El Sr. Macie erigió su marcador "Asesinado en las calles de Tombstone", reforzando el mito de este municipio estadounidense.

. . .

En 1923, el "Broadway of America" se estableció a través de Tombstone, atravesando Booth Hill. En consecuencia, se desenterraron tumbas y se trasladaron al Cementerio Nuevo. En ese momento el área comenzó a convertirse en un atractivo turístico ya que a pesar de la interrupción, la carretera brindó nuevas oportunidades para Booth Hill.

El ayuntamiento, reconociendo el potencial turístico del cementerio, construyó un camino hacia el cementerio.

Tombstone identificó el camino por un letrero en blanco y negro de seis por doce pies, icónico e imperdible. Ayudó a Booth Hill a convertirse en una de las atracciones más notables de Tombstone.

La restauración de Booth Hill todavía estaba en curso en 1933, lo que llevó al descubrimiento de que el cementerio era mucho más extenso de lo que Tombstone se había imaginado. También se hicieron otros hallazgos, como llaves inglesas; estos artefactos se agregaron a la colección de curiosidades de Tombstone.

Estos hallazgos fueron amenazados por los cazadores de recuerdos, que se llevaron de todo, desde lápidas hasta marcadores funerarios. Para disuadir a los bandidos, Tombstone cercó ramas alrededor del sitio, creando una barrera naturalista. Tombstone más tarde complementó estas medidas defensivas con un cuidador, asegurando la preservación y protección de Booth Hill.

Booth Hill: ¿realidad o ficción?

Aunque Booth Hill es un cementerio auténtico, algunos de los monumentos más notables son ficticios. Estos fueron erigidos para promover el turismo y proporcionar interpretaciones divertidas del salvaje oeste estadounidense.

Lester Moore es un ejemplo de entierro ficticio: aunque supuestamente murió en un tiroteo, ninguna evidencia sugiere que Moore existiera. Tampoco hay evidencia que indique que Hank Dunstan existió, a pesar de que supuestamente murió en el mismo tiroteo. Sin embargo, el marcador de Moore dice: " Aquí yace Lester Moore, cuatro balas de un revólver 44, no más, no menos".

George Johnson es otro "entierro" popular en Booth Hill. Johnson puede no haber existido, pero su epitafio dice: "Aquí yace George Johnson ahorcado por error en 1882. Tenía razón, nosotros estábamos equivocados. Pero lo colgamos y ahora se ha ido".

. . .

Otros entierros ficticios incluyen a John Heath, acusado de organizar el robo que incitó a la masacre de Bisbee. Aunque Heath existió, fue enterrado en el cementerio de Oakland en Terrell, Texas.

Federico Duran, deletreado como "Federico Doran", es otro monumento engañoso: el marcador afirma que Sheriff John Slaughter mató a Duran después de un robo en un tren, pero Durán fue ejecutado por un pelotón de fusilamiento. Murió en Guaymas, México.

Duran no fue enterrado en Tombstone y Slaughter estuvo ausente en su muerte.

El tesoro escondido de Booth Hill

Algunos creen que hay un tesoro escondido en Booth Hill. En agosto de 2009, *Lost Treasure* sospechó que una pequeña fortuna estaba escondida cerca de la tumba de *Dutch Annie*. Cody Polston registra la historia en Haunted Tombstone:

El restaurante Can-Can fue famoso en su día por su comida. Vendía langosta y pescado importado de México y tenía un cazador contratado que mantenía el café abastecido con carne fresca. Fue este hombre quien robó una importante suma de dinero del Can-Can y luego fue capturado. Dijo que enterró la partitura no lejos de Booth Hill, pero nunca se encontró.

El bandido murió antes de que nadie pudiera localizar el botín.

¿Esta recompensa estaba destinada a Booth Hill?
Conclusión

Los visitantes pueden encontrar Booth Hill en 408 AZ-80, Tombstone. El cementerio está abierto de 8 a.m. a 6:30 p.m. y la entrada tiene un precio de 3 dólares por persona, aunque los niños menores de quince años pueden recorrer el cementerio sin cargo. Sin importar cuántas historias sean ficticias, definitivamente será uno de los lugares más entretenidos que visites en el área.

12

Cementerio Unión

UBICACIÓN

Easton, Connecticut

¿Cuánto mal puede contener un lugar? Bueno, según Ed y Lorraine Warren, la respuesta fue mucha. Incluso escribieron un libro al respecto, *Graveyard*, que "narra una serie de sus casos más desgarradores, basados en hechos, de visitas fantasmales, acecho demoníaco, encuentros desgarradores de otro mundo y horribles recompensas del mundo de los espíritus". Con más de trescientos años de historia y cincuenta años de avistamientos reportados, el cementerio Unión de Connecticut está catalogado como uno de los lugares más embrujados de todo el país.

Este cementerio es el hogar de una serie de fantasmas diversos y los avistamientos van desde soldados a caballo hasta niños que se ríen tontamente. Pero la gran mayoría de los informes son de la famosa Dama Blanca, una mujer no identificada que suele aparecer en las carreteras cercanas.

El segundo avistamiento más reportado es el de *Red Eyes* (ojos rojos). Los visitantes informan sentir que están siendo observados, seguidos de una sensación de aliento caliente en el cuello. Cuando giran, pueden ver un par de ojos rojos mirándolos desde la distancia.

Muchos visitantes afirman no sentir nada y se muestran escépticos ante lo inquietante. Pero las historias persisten, lo que lleva a algunos residentes a evitar el cementerio por completo. Especialmente de noche.

Ha habido muchas investigaciones a lo largo de los años, y muchos expertos en fenómenos paranormales afirman tener colecciones de fotografías y grabaciones extrañas. Aquí se han visto nieblas inexplicables, puntos fríos, huellas extrañas y orbes brillantes. Dicen que hay incluso una mujer de blanco que va a la deriva entre las lápidas con su vestido diáfano, buscando a su hijo muerto...

Se le ha llamado uno de los cementerios más embrujados de los Estados Unidos. El cementerio Unión cerca de Easton, Connecticut, ha sido sede de numerosas investigaciones paranormales y es el presunto hogar de una variedad de espectros, incluida la famosa Dama Blanca.

La familia Warren

El cementerio ganó su reputación de embrujado gracias en gran parte a los esfuerzos de Ed y Lorraine Warren. L

os demonólogos autodidactas son mejor conocidos como los investigadores paranormales detrás del caso de horror en Amityville; sus hazañas han inspirado todo, desde *El Conjuro* hasta *Annabelle* y *La guarida* en Connecticut.

Los Warren llevaron a cabo tantas investigaciones en el cementerio Unión que de hecho este encabezó su quinto libro, *Graveyard: True Hauntings from an Old New England Cemetery*.

El interés del dúo en Unión Cemetery y sus supuestos fantasmas puede deberse en parte al hecho de que el cementerio se encuentra a unas pocas millas de su casa y del "Museo de lo Oculto" en la cercana Monroe. En su libro, Ed Warren afirma que logró capturar a la famosa Dama Blanca del cementerio en una película.

· · ·

Dicho esto, los informes de encuentros paranormales en el cementerio Unión son anteriores a los Warren por bastante tiempo. El cementerio fue fundado a principios de 1700, en el cruce de las rutas 136 y 59, cerca de la antigua Iglesia Bautista de Easton. Los visitantes del cementerio histórico han informado de todo, desde orbes brillantes hasta niebla rodante y rayos de luz.

Apariciones misteriosas

Luego están las apariciones de residentes del cementerio. Un inquilino espectral conocido se llama *Red Eyes* (ojos rojos). Se dice que *Red Eyes* aparece como un par de brillantes ojos carmesí flotando en el aire. Aún se desconoce a quién o a qué están apegados esos ojos.

Los encuentros con la Dama Blanca no son menos escalofriantes. A veces se la ve a la deriva entre las lápidas o descansando tristemente en una de las tumbas.

También tiene la reputación de materializarse antes de que los automovilistas que pasan, solo para desaparecer una vez que el automóvil la golpea. Los informes de conductores que creen haber atropellado a una mujer, solo para salir de su vehículo y no encontrar ningún cuerpo, abundan en el área.

. . .

Como uno sospecharía, la Dama Blanca aparece con un vestido largo y diáfano con una melena negra suelta. Algunos dicen que su atuendo es un vestido de novia. Más allá de eso, sin embargo, no se sabe mucho sobre ella.

Han surgido numerosas historias que buscan explicar su identidad. Algunos dicen que fue una mujer que asesinó a su marido y luego fue asesinada. Otra historia dice que la Dama Blanca fue asesinada a principios del siglo XX, su cuerpo arrojado a un sumidero detrás del Este.

Conclusión

El cementerio Unión ganó fama en gran parte por su vinculación a la familia Warren, pero ciertamente no es un reconocimiento infundado.

Comprobar las diferentes historias de apariciones fantasmagóricas definitivamente debe estar en tu lista de deseos.

13

Cementerio Richmond

UBICACIÓN

Hollywood, Richmond, Virginia

En Richmond, Virginia, la palabra "Hollywood" representa un extenso campo de 130 acres de monumentos envejecidos que es anterior a la Guerra Civil por casi 20 años. Inspirado en el cementerio Mount Auburn de Boston, el cementerio de Hollywood fue una creación de William Haxall y Joshua Fry. Contrataron al arquitecto de Filadelfia, John Notman, para que se llevara a cabo; y cuando Notman comenzó a diseñar los terrenos en 1847, sugirió el nombre "Hollywood" como un guiño a la cantidad de acebos que salpicaban el paisaje.

En menos de dos décadas, los restos de los presidentes de Estados Unidos James Monroe y John Tyler serían enterrados en el cementerio de Hollywood, el primero en una ominosa tumba del renacimiento gótico apodada localmente como "La jaula de los pájaros". Los líderes confederados Jefferson Davis y J.E.B. Stuart también descansan en Hollywood.

Y aunque el cementerio tiene una importancia histórica más que suficiente para atraer visitantes, los aspectos más oscuros de su existencia atraen a la gente a través de los laberínticos caminos de forma regular.

Si alguna vez hubiera un lugar embrujado en Estados Unidos, uno se imaginaría que sería un cementerio, ¿verdad? Ubicado en 412 *South Cherry Street* en Richmond, Virginia, el cementerio de Hollywood es uno de los cementerios más famosos y hermosos de Estados Unidos.

Hay mucha historia asociada con este lugar, es de extrañar que haya tantos rumores afirmando que está embrujado. Los jardineros, los turistas y los lugareños afirman haber experimentado fenómenos extraños por la noche.

Desde gritos de auxilio hasta la desafortunada muerte de un niño, son muchas las apariciones vinculadas a este cementerio.

Cementerio de Hollywood: una historia

El cementerio de Hollywood, llamado así por los abundantes acebos esparcidos por los terrenos, es el segundo cementerio más famoso de Estados Unidos, junto al cementerio de Arlington. En 1847, inspirados en el cementerio de Mount Auburn en Boston, William Haxall y Joshua Fry se propusieron crear sus propios cementerios. Dos años después, establecieron el cementerio de Hollywood, que ahora se extiende por 135 acres.

Haxall y Fry contrataron a John Notman, uno de los arquitectos más notables de la época, para planificar el diseño del cementerio. Su creación es tan cautivadora que el sitio se ha convertido en un lugar popular, no solo para los muertos, sino también para los vivos.

A lo largo de los años, se han realizado muchas adiciones al cementerio.

El primero se conoce como *President's Circle* (el círculo de los presidentes) debido a los tres presidentes de Estados Unidos enterrados en el sitio. Luego, en 1904, la demanda de entierros aumentó tanto que comenzaron los planes de expansión en Midvale Avenue.

En 1919, el cementerio se había convertido en una atracción turística muy popular. Debido a esto, los propietarios permitieron que los civiles condujeran sus automóviles por los terrenos. También comenzaron a ofrecer visitas guiadas en autos Ford. Grupos de cuatro a cinco turistas curiosos pagaban una tarifa de 35 centavos de dólar para recorrer los pintorescos terrenos del cementerio de Hollywood.

En 1923, la expansión del cementerio comenzó con Clark Springs. Un año después, los planes finalizados para la nueva adición cerca de Midvale Avenue llegaron a 148 nuevos lotes de entierro. En 1969, el Registro de Monumentos Históricos de Virginia y el Registro Nacional de Lugares Históricos agregaron el cementerio de Hollywood a su lista. Además, en 1993, la Fundación *Historic Richmond* entregó al cementerio de Hollywood tres premios de preservación por su mantenimiento a largo plazo.

En 2011, comenzó la renovación del Círculo de Presidentes y se agregó un nuevo camino de granito que conduce al monumento y lo rodea. Incluyó 900 lotes, lo que permitió 1.800 nuevos entierros en el sitio. También se llevaron a cabo la restauración de varios monumentos, vallas y bordillos.

Monumentos y entierros famosos

En 1858, los restos del presidente James Monroe fueron trasladados al cementerio de Hollywood y se construyó la tumba de James Monroe. Cuatro años más tarde, en 1862, el presidente John Tyler fue enterrado en el Círculo de Presidentes frente a la tumba del presidente Monroe.

Seis años después de su muerte en 1893, Jefferson Davis, el único presidente de los Estados Confederados de América, hizo erigir una estatua de bronce de tamaño natural a su semejanza.

El cementerio no solo es el lugar de descanso de tres de los presidentes de Estados Unidos, sino que también es el lugar de descanso de miles de soldados confederados.

En 1863, el cementerio se convirtió en uno de los lugares más grandes para los funerales militares durante la Guerra Civil, enterrando a un total de 18.000 soldados confederados; esta área se conoció como la Sección

Confederada y alberga el monumento más famoso del cementerio.

En 1866, se estableció la Asociación Hollywood Ladies Memorial y ayudó a crear la pirámide. La pirámide de granito de 90 pies de altura fue diseñada por Charles H. Dimmock, un Capitán del Ejército Confederado. Su propósito era honrar a los valientes soldados confederados que perdieron la vida durante la Guerra Civil.

En 1953, las Hijas Unidas de la Confederación crearon una lista de todas las personas distinguidas enterradas en el cementerio de Hollywood. La lista incluía a tres presidentes estadounidenses, seis gobernadores de Virginia, dos jueces de la Corte Suprema, 22 generales confederados y miles de soldados confederados. La placa de bronce actualmente cuelga en la oficina del cementerio.

Thomas Stanley, un ladrón de caballos convicto que trabajaba como parte de la mano de obra, se ofreció como voluntario para subir a la cima y colocar la piedra angular. Tan peligrosa fue la hazaña que presumiblemente siguió a la liberación anticipada de la prisión de Stanley. Nunca hubo una confirmación oficial de tal, aunque la carta de liberación de Stanley incluía una anotación a lápiz que decía "transferido", sin ninguna indicación de dónde o cuándo. Los románticos creen que el propio alcaide abrió la puerta, le dijo a Stanley que se fuera y que nunca regresara.

La pirámide es una maravilla arquitectónica (a pesar de no encontrarse afianzada con columnas), pero los susurros de los muertos la han hecho infame. Hay un sinfín de informes relatando que se puede sentir una ráfaga de aire helado a lo largo de la pared trasera de la pirámide. De los 18.000 soldados enterrados cerca, 11.000 permanecen sin identificar y algunos dicen que sus espíritus inquietos están atrapados en un bucle espectral alrededor del obelisco. También se han informado gemidos incorpóreos al amanecer y al anochecer.

A la gente le encanta contar historias de fantasmas y es especialmente emocionante cuando están vinculadas a un cementerio. Hay tres historias de fantasmas populares asociadas con el cementerio de Hollywood, el más popular es el cuento del vampiro de Richmond.

Otra historia habla de voces que se pueden escuchar provenientes de la pirámide y la tercera historia es de una niña que murió trágicamente en 1862. Con tanta historia, quizás sea sorprendente que solo haya tres historias de fantasmas vinculadas a este lugar de descanso de fallecidos.

. . .

El vampiro de Richmond

Sin lugar a dudas, el vampiro de Richmond es la historia más famosa que se ha constatado en el cementerio de Hollywood. El 2 de octubre de 1925, un túnel que se estaba construyendo en *Church Hill* se derrumbó, enterrando vivos a varios trabajadores. Los testigos afirmaron haber visto a una, "... criatura cubierta de sangre con dientes irregulares y piel colgando de su cuerpo musculoso", emerger de los escombros. La figura fue vista corriendo hacia el río James y se refugió en el mausoleo de W.W. Pool (un contable estadounidense). Había nacido la leyenda urbana del vampiro de Richmond.

Sin embargo, más tarde se descubrió que este hombre era un bombero ferroviario de 28 años, Benjamin F. Mosby.

El bombero estaba echando carbón con una pala en una locomotora de vapor cuando ocurrió el colapso y la caldera se rompió, lo que provocó que la parte superior de su cuerpo se quemara horriblemente. Las capas de su piel también se rasgaron y comenzaron a colgar de su cuerpo, de igual manera varios de sus dientes estaban destrozados. Lamentablemente, Benjamin murió ese mismo día en el Grace Hospital.

. . .

A pesar de la evidencia de que no existe un vampiro de Richmond, esta confusión generó un gran impacto en la gente que pudo presenciar el suceso y hasta el día de hoy, sigue siendo una historia popular para contar.

La pirámide

Como se mencionó anteriormente, la pirámide en el cementerio de Hollywood tiene noventa pies de altura y fue construida en 1869. Fue diseñada por Charles H. Dimmock, un capitán del ejército confederado, y se estableció debido, en gran parte, a la Asociación Conmemorativa de las Damas de Hollywood. El propósito de este monumento era honrar a los miles de soldados confederados enterrados en el cementerio.

Se han escuchado suaves gemidos provenientes de alrededor y dentro de la pirámide temprano en la mañana y al anochecer. Las personas también han informado haber estado en contacto con puntos fríos en las distintas esquinas de la pirámide. Algunos dicen que son los gritos de los soldados no identificados que intentan dar a conocer su presencia.

La niña y su guardián

. . .

Ubicada a muy poca distancia de la pirámide se encuentra la tumba de una niña conocida como Rees, cuyo primer nombre probablemente era Bernadine, Florence o Elizabeth; lo que la gente sabe sobre esta niña es que murió a los tres años de fiebre escarlatina. La causa de la muerte de la pequeña fue común en el siglo XIX; por lo tanto, no es tan notable como la llamativa estatua que vigila su tumba. Un perro Terranova de hierro fundido negro de tamaño natural está situado en el lado derecho, como si estuviera protegiéndola.

Sin embargo, lo que no se sabe es por qué se colocó al perro junto al lugar de descanso de Rees. Hay tres posibles razones.

La primera historia sugiere que un comerciante anónimo, recordando cuánto había amado la niña al perro posado frente a su tienda en *Main Street* cuando visitó a su padre, decidió legar la estatua como testimonio del buen corazón de la pequeña.

También se dice que la familia quería que el perro cuidara a su hija en el más allá. Por su parte, la última historia, aunque no tan sentimental, afirma que el padre de la niña (Thomas), instaló la estatua del perro en la tumba de su hija para evitar que ésta fuera derretida para manufacturar balas durante la guerra.

. . .

Debido a que los materiales escaseaban, seguramente cualquiera se habría robado un trozo de hierro tan grande. Pero Thomas Rees, asumiendo que nadie se atrevería a insultar la memoria de una pequeña de dos o tres años, lo colocó en el cementerio de Hollywood.

Cualquiera sea la razón, la gente afirma haber visto a una niña jugando con un perro a altas horas de la noche junto a la tumba. Además, los cuidadores de los terrenos, los turistas y los lugareños a veces escuchan a un perro ladrar o gruñir cuando se acercan al lugar del entierro.

Si esto no es lo suficientemente extraño, la gente afirma que el perro se mueve de vez en cuando. El personal de campo y los visitantes dicen que cuando pasan, el perro señala en una dirección y cuando regresan, en otra.

Conclusión

Incluso si no crees en los fantasmas, no hay duda de que es importante respetar un cementerio. La gente a lo largo de los siglos ha trabajado muy duro para crear y mantener la belleza del cementerio de Hollywood. Las víctimas y las familias pueden estar separadas por décadas (o incluso un siglo o más), pero se unen para honrar a sus seres queridos, a la *Commonwealth* de Virginia y su país. Es importante recordar las vidas que se han perdido a lo largo de los siglos y la gente visita el cementerio de Hollywood para hacerlo. El cementerio es una parte hermosa de Richmond, Virginia y debe tratarse como tal.

Sin embargo, no es de extrañar que existan rumores de que este tesoro nacional está embrujado. Los fantasmas de las almas perdidas deambulan por los terrenos y no solo han sido escuchados, sino también vistos por varias personas.

Su presencia es un recordatorio de los trágicos acontecimientos que han ocurrido a lo largo de la historia de Estados Unidos.

14

Cementerio Stull

UBICACIÓN

Stull, Condado de Douglas, Kansas

Hay cementerios en todo Estados Unidos, lugares con nombres como *Bachelor's Grove* y *Stull Cemetery*, que desafían todas las definiciones de un "cementerio embrujado". Son lugares que van más allá de las leyendas de estar simplemente embrujado y entran en el reino de lo diabólico. Son lugares que, se dice, que son tan aterradores que el diablo mismo celebra la corte con sus adoradores allí... en este caso, el cementerio Stull en Kansas, ¡es una de las "puertas de entrada al infierno" en sí!

. . .

Casi todos los que crecieron en Kansas, o ven el programa *Supernatural*, conocen el cementerio Stull, incluso si nunca lo han visto. Según la leyenda, este cementerio contiene una escalera no al cielo... sino directamente al infierno. Es uno de los siete lugares de la tierra donde las personas vivas pueden descender al reino de los condenados.

Se dice que la escalera aparece solo una vez al año; de repente, se revela una escalera oculta que desciende a una tumba y luego al inframundo. La mayoría de las versiones de la historia dicen que sucede al filo de la medianoche de Halloween, otros dicen que la escalera al infierno se abre en el equinoccio de primavera. Entonces, si alguna vez encuentra estas escaleras, nunca debe bajarlas... porque nunca volverá.

Pero, ¿qué tan aterradores son estos lugares? Si bien hay pocos de nosotros que desafiaríamos la presencia sobrenatural de un lugar como *Bachelor's Grove*, hay quienes afirman que *Stull Cemetery* no se merece la espeluznante reputación que se ha ganado a lo largo de los años. Hace unos años, fue más allá del reino de simplemente "embrujado" y alcanzó el estatus de "puerta de entrada al infierno".

. . .

La historia de la entrada al infierno

El cementerio de Stull y la iglesia abandonada que descansa junto a él se encuentran en la pequeña y casi olvidada ciudad de Stull en Kansas. No queda mucho del pequeño pueblo, salvo algunas casas, la iglesia más nueva y unos veinte residentes, sin embargo, la población del lugar supuestamente contiene a varios residentes que son de más allá de esta tierra.

Además de sus habitantes humanos, la ciudad también alberga una serie de leyendas y cuentos extraños que están relacionados con la vieja iglesia en ruinas y el cementerio cubierto de maleza que se puede encontrar en la cima de la colina Emmanuel de Stull. Durante años, historias de brujería, fantasmas y sucesos sobrenaturales han rodeado el antiguo cementerio. Es un lugar que algunos afirman que es una de las "siete puertas al infierno".

Las leyendas dicen que estas historias han estado vinculadas a Stull durante más de 100 años, pero ninguna de ellas se publicó hasta la década de 1970.

En noviembre de 1974, apareció un artículo en el periódico estudiantil de la Universidad de Kansas que hablaba de varios sucesos extraños en el cementerio de Stull. Según el artículo, Stull estaba "obsesionado por leyendas de sucesos diabólicos y sobrenaturales" y las leyendas afirmaban que el cementerio era uno de los dos lugares de la tierra donde el diablo aparece en persona dos veces al año. Se dijo que el cementerio había sido la fuente de muchas leyendas en el área, historias que se habían contado y vuelto a contar durante más de un siglo.

El artículo también continuó diciendo que la mayoría de los estudiantes se enteraron de la reputación diabólica de Stull por sus abuelos y personas mayores, así como de las muchas personas que afirmaron haber tenido encuentros de primera mano con cosas que no podían explicar. Un estudiante afirmó haber sido agarrado del brazo por algo invisible, mientras que otros hablaron de una pérdida de memoria inexplicable cuando visitaban el lugar. Como muchos otros lugares de este tipo, los cuentos de adoración al diablo y brujería también figuraron con fuerza en el artículo.

Pero, ¿eran las historias realmente ciertas? No de acuerdo con los residentes de Stull, quienes afirmaron que nunca antes habían escuchado las historias.

Estaban desconcertados, molestos y francamente enojados porque se estaban diciendo tales cosas sobre su ciudad. El pastor de la nueva iglesia en Stull, ubicada justo enfrente de la antigua, indicó que creía que las historias eran una invención de los estudiantes de la universidad.

Pero tales historias aún tienen un fuerte arraigo en la gente, como lo demuestra la reacción al artículo que afirmaba que el diablo aparecería en el cementerio Stull en la noche del Equinoccio de Primavera y nuevamente en Halloween. El 20 de marzo de 1978, más de 150 personas esperaban en el cementerio la llegada del diablo.

También se corrió la voz de que los espíritus de aquellos que murieron violentamente y fueron enterrados allí, regresarían de la tumba. Desafortunadamente, los únicos espíritus que aparecieron esa noche vinieron en botellas y latas... pero esto no impidió que las historias se difundieran.

A lo largo de la década de 1980 y hasta el día de hoy, se han contado historias sobre el cementerio de Stull y, a medida que pasa el tiempo, la mayoría se han vuelto más horribles y difíciles de creer.

El problema parece ser que el cementerio carece de relatos reales y documentados de actividades extrañas. Los cuentos extraños parecen ser poco más que "leyendas urbanas" e historias de segunda mano de adolescentes y estudiantes universitarios.

• • •

Historias sobre el infierno y otras inquietudes

Nuestra primera historia habla sobre dos hombres jóvenes que estaban visitando el cementerio de Stull una noche y se asustaron cuando un fuerte viento comenzó a soplar de la nada. Corrieron de regreso a su automóvil, solo para descubrir que el vehículo había sido movido al otro lado de la carretera y ahora estaba mirando en la dirección opuesta.

Otro hombre afirmó haber experimentado este mismo viento anómalo, pero dentro de la iglesia en lugar de en el cementerio. Afirmó que la siniestra corriente de aire lo tiró al suelo y no le permitió moverse durante algún tiempo. Por cierto, es dentro de esta misma iglesia donde los "testigos" dicen que nunca ha llovido... ¡aunque el edificio derrumbado no tiene techo!

Se dice que la iglesia fue utilizada por satanistas, aquelarres de brujas y cultos para sus rituales. Aunque no tenía techo cuando estos grupos supuestamente se reunieron allí, se dijo que la lluvia nunca caería dentro de sus paredes. Otros relatos afirman que era imposible romper una botella de vidrio dentro de la iglesia.

· · ·

Las leyendas también dicen que el diablo ha aparecido aquí desde la década de 1850 e insisten en que el nombre original de la ciudad era "Skull" (calavera) y que la posterior corrupción de eso a "Stull" fue simplemente para cubrir el hecho de que el área se encontraba impregnada de magia negra. Se dijo que los primeros pobladores que practicaban la brujería estaban tan arrepentidos de sus hechos pasados que cambiaron el nombre de la ciudad.

En realidad, la ciudad se llamó "Comunidad de Deer Creek" hasta 1899, cuando se adoptó el apellido del primer director de correos, Sylvester Stull, como el nombre de la aldea. La oficina de correos cerró en 1903, pero el nombre se mantuvo. En 1980, apareció un artículo en el Kansas City Times que añadió más leña al fuego de los rumores sobre el cementerio Stull y la iglesia abandonada, el artículo fue citado diciendo que el Diablo eligió dos lugares para aparecer en la Tierra cada Halloween.

Uno de ellos fue la "aldea de plantas rodadoras" de Stull, Kansas y el otro, que ocurre simultáneamente a la medianoche, se encuentra en algún lugar de la "llanura desolada de la India". Desde estos sitios, según el artículo, el Diablo reúne a todas las personas que murieron violentamente durante el año para dar una vuelta por la Tierra en la hora de las brujas.

. . .

Pero, ¿por qué en Stull? El artículo agrega que aparece en Stull debido a un evento que tuvo lugar en la década de 1850, cuando un mozo presuntamente apuñaló al alcalde hasta la muerte en el antiguo granero de piedra del cementerio. Años más tarde, el granero se convirtió en una iglesia, que a su vez fue destruida por un incendio. Se cree que un crucifijo de madera en descomposición que todavía se asoma de una pared a veces se da vuelta cuando los transeúntes entran al edificio a la medianoche...

La historia omite mencionar que, históricamente hablando, ni la comunidad de Deer Creek ni Stull han tenido un alcalde oficial.

La autora Lisa Hefner Heitz ha recopilado numerosas leyendas que se han sumado a la mitología del cementerio Stull. Algunas de ellas incluyen el "hecho" de que el diablo también aparece en Stull en la última noche de invierno o la primera noche de primavera.

Se dice que viene a visitar a una bruja que está enterrada allí y, casualmente, una antigua lápida con el nombre de "Wittich" se encuentra bastante cerca de la antigua iglesia. También se debe mencionar que hay rumores de que un viejo árbol en el cementerio, un pino alto que creció y partió una lápida.

. . .

Según las historias, el árbol se utilizó para colgar a las brujas antes de que la tierra fuera consagrada como cementerio. A menudo se consideraba que la iglesia y el árbol eran señales que ayudaban a señalar el camino hacia la puerta del infierno. En 1998, el día antes de Halloween, el árbol fue cortado para disuadir a los amantes de la adrenalina.

Hay gente que dice que hay una tumba en el cementerio que contiene los huesos de un "hijo de Satanás", que nació del diablo y una bruja. El niño estaba tan deformado que solo vivió unos días y el cuerpo fue enterrado en Stull.

Algunos dicen que su fantasma puede caminar ahí, ya que supuestamente había una foto tomada hace unos años que muestra a un "chico parecido a un hombre lobo" mirando desde detrás de un árbol.

La preocupación del Vaticano

Una de las historias más extrañas sobre Stull apareció supuestamente en la revista Time (no fue así) en 1993 o 1995 (dependiendo de la versión que escuche). Esta historia afirma que el Papa Juan Pablo II supuestamente ordenó que su avión privado volara alrededor del este de Kansas mientras se dirigía a una aparición pública en Colorado. La razón de esto, afirma la historia, fue que el Papa no quería volar sobre "tierra impía".

Las leyendas crecieron y, en 1989, la multitud en el cementerio en la noche de Halloween se había vuelto tan abrumadora que el departamento del sheriff del condado de Douglas tuvo que colocar agentes afuera para enviar a la gente de regreso a casa. Multaron por allanamiento a cualquier persona que fuera encontrada en la propiedad.

Se cree que cerca de 500 personas llegaron al cementerio la noche de Halloween de 1988, causando daños a la iglesia y las lápidas, lo que provocó una respuesta policial al año siguiente. A medida que pasaba el tiempo, los residentes locales se irritaban más porque los vándalos y los intrusos estaban causando estragos en el cementerio donde estaban enterrados sus seres queridos y antepasados.

Finalmente, se instaló una valla de seguridad de tela metálica alrededor de los terrenos y, aunque el área todavía se patrulla regularmente, las visitas han disminuido un poco, al menos fuera de octubre. Además, se han colocado carteles contra la entrada ilegal aquí y los lugareños han dejado en claro que los visitantes no son bienvenidos.

El infierno y la cultura pop

El estado de Stull como la ubicación de una de las puertas del infierno es tan conocido que inspiró un álbum de la banda *Urge Overkill*, con imágenes del cementerio en la portada del álbum.

También se usó en las tramas de varias películas, incluidas las maquinaciones de los villanos satánicos en *Turbulence 3*, que planean estrellar un avión en el cementerio Stull para liberar a Satanás. La película también hace uso de la leyenda urbana contada previamente sobre el Papa Juan Pablo II.

En el episodio final de la quinta temporada de la serie de televisión *Supernatural*, el enfrentamiento final del Apocalipsis tiene lugar en el cementerio Stull (aunque en realidad está filmado en Vancouver).

Representaciones como estas no han hecho nada para disuadir a los cazadores de fantasmas aficionados, los buscadores de emociones y los viajeros de leyendas de descender al cementerio de Stull, especialmente en la noche de Halloween.

A pesar de las cercas, no hay señales de prohibición a la entrada ilegal, aunque no hay que perder de vista el hecho de que el área está fuertemente patrullada por la policía, además de que los residentes de la pequeña comunidad de Stull han tenido que lidiar con innumerables casos de entrada ilegal y vandalismo.

En 1978, más de 150 personas intentaron ir al cementerio la noche de Halloween; en 1988, ese número ascendió a casi 500. El cementerio actual alberga tantas lápidas rotas como intactas, y muchos de los marcadores desaparecieron por completo, robados por vándalos que querían una parte del famoso lugar de enterramiento maldito.

Las historias sobre Stull a menudo afirman que está custodiado por "personas misteriosas" en camionetas que "aterrorizan" a los visitantes. Esas historias, al menos, son casi con certeza ciertas, aunque quizás menos misteriosas de lo que parecen. Los residentes vivos de Stull no están exactamente encantados con la reputación diabólica del cementerio y con los turistas a menudo poco respetuosos, por lo que los residentes con frecuencia ayudan a la policía a patrullar el área.

· · ·

Algunos cuestionamientos

Entonces, ¿qué pasa con las historias? ¿Fueron verdaderas o fueron obra de la imaginación de algún estudiante de escritura? ¿El cementerio de Stull está realmente embrujado... o el "embrujo" es simplemente el resultado de una "leyenda urbana" enloquecida? Esa es una pregunta difícil de responder.

Aunque indudablemente la gran mayoría de los cuentos sobre el cementerio se han fabricado a partir de ficción de terror, todavía plantean la pregunta ahora familiar de cómo comenzaron tales historias en primer lugar. ¿Hay algo de verdad en los cuentos oscuros? ¿Ocurrió aquí algún evento sobrenatural aislado que llevó al embellecimiento a lo largo de los años?

No tenemos idea y los residentes locales no hablan de ello. Curiosamente, aunque los propietarios se han pronunciado contra los vándalos y las historias macabras, han hecho poco para tratar de acabar con las leyendas para siempre. Por ejemplo, dado que muchos de los eventos paranormales supuestamente implican la ruina de la antigua iglesia, ¿por qué no derribarla? El edificio ha estado desocupado desde 1922 y ha sido gravemente dañado por el vandalismo a lo largo de los años.

· · ·

En 1996, los restos del techo volaron y, una vez expuestos a los elementos, las paredes interiores han sido dañadas tanto por el clima como por el grafiti. Recientemente, también se abrió una gran grieta en uno de los muros de piedra después de que la iglesia fuera alcanzada por un rayo. Entonces, ¿por qué no derribarlo antes de que se caiga por sí solo? ¿No pondría esto fin a las historias demoniacas que circulan por el lugar?

Para empeorar las cosas, ¿por qué ahuyentar a los que vienen al cementerio a la medianoche de Halloween para ver aparecer al diablo? ¿Por qué no simplemente "controlar el caos" y permitir que los buscadores de curiosidad vean que ningún espíritu correrá desenfrenado en esa fatídica noche? En la noche de Halloween de 1999, los reporteros de un periódico local y un equipo de noticias de televisión se unieron a un grupo de espectadores en el cementerio. Los ayudantes del alguacil estaban disponibles, pero no le pidieron a nadie que se fuera sino hasta las 11:30 pm, ¿por qué?

Precisamente en ese momento, antes de la media noche, apareció un representante desconocido de los dueños del cementerio y ordenó a todos que abandonaran la propiedad. Los oficiales no tuvieron más remedio que estar de acuerdo con sus deseos y los reporteros y espectadores tuvieron que irse. Como el cementerio de Stull y los terrenos que lo rodean son propiedad privada, no había más opción que cumplir.

. . .

Los propietarios declararon, a través del representante, que no querían que la atención de los medios fuera dirigida al cementerio porque atrae a los vándalos.

Pero, ¿no podrían haber promovido su causa al permitir que el equipo de cámara mostrara que el diablo no apareció a la medianoche, desacreditando así la leyenda para siempre?

Conclusión

Los sucesos que despiertan los cuestionamientos anteriores no fueron el final de la historia. El 29 de marzo de 2002, la antigua iglesia de piedra del cementerio fue demolida misteriosamente. Un hombre llamado Major Weiss, propietario de la propiedad, junto con otras dos personas (a quienes se negó a nombrar) dijo que no autorizó la destrucción de la iglesia abandonada. Quienes viven cerca afirmaron que tampoco tenían conocimiento de la demolición, aunque uno de ellos dijo que un muro de la iglesia se había derrumbado unas dos semanas antes. La vieja y espeluznante iglesia, una parte tan importante de la leyenda, ya no existía.

. . .

Y, sin embargo, la leyenda ha persistido. ¿Por qué? Nadie puede decirlo. Tal vez sea simplemente que una vez que comienza una historia, ¡es muy difícil detenerla!

15

Cementerio Highgate

UBICACIÓN

Highgate, norte de Londres

Inaugurado en 1839, el cementerio de Highgate de Londres fue una vez un destino de moda para los vivos y los muertos. Su exuberante vegetación y los sinuosos senderos del cementerio encantaron a los visitantes de la época victoriana, mientras que almas notables como el novelista George Eliot, la poeta Christina Rossetti y el economista Karl Marx llamaron al entorno tranquilo su hogar eterno.

El cementerio, extendido a lo largo de veinte acres de hierba en la ladera, se convirtió rápidamente en el lugar de enterramiento más buscado de Londres, y los victorianos conscientes de la moda no serían vistos muertos en ningún otro cementerio. A principios del siglo XX, decenas de miles de personas habían sido enterradas en su tierra sagrada, entre ellos muchos nombres famosos e ilustres, como ya vimos.

Los monumentos a los muertos se volvieron cada vez más ambiciosos a medida que las familias luchaban desesperadamente por superarse entre sí para proporcionar lugares de descanso cada vez más ostentosos para sus seres queridos.

Pero a medida que los días oscuros de la Segunda Guerra Mundial caían sobre la capital, la fortuna del cementerio sufrió una grave recesión, poco a poco se acumularon en el área nubes oscuras.

A principios del siglo XX, Highgate estaba repleto de cuerpos y cuando Alemania bombardeó Londres durante la Segunda Guerra Mundial, varias bóvedas fueron destruidas y quedaron abiertas.

En la década de 1960, el cementerio había caído en mal estado y era visto como una monstruosidad. La una vez orgullosa necrópolis había sido abandonada. La descomposición y el abandono se deslizaron sin control entre las tumbas mientras las raíces de la vegetación que avanzaba dividían las magníficas tumbas y dejaban su mampostería retorcida esparcida sobre columnas derribadas.

Los vecindarios circundantes también sufrieron una caída, lo que agravó el declive del cementerio. Pronto, el extenso y aislado santuario se convirtió en un refugio para drogadictos, fugitivos, vándalos y marginados.

El comienzo del terror

En la década de 1970, los intrusos entraban regularmente en el cementerio de Highgate por la noche. No pasó mucho tiempo antes de que circularan rumores de satanismo y actividades ocultas. Mientras visitaba la tumba de un familiar, una anciana afirmó haber sido seguida en cinco ocasiones distintas por "personas extrañas" que nunca dijeron una palabra. Ella creía que estaban llevando a cabo "ceremonias extrañas".

El periódico local, *Hampstead and Highgate Express*, comenzó a recibir cartas de lectores asustados que contaban acerca de encuentros fantasmales alrededor del cementerio. Un hombre, cuyo coche se había averiado, estaba aterrorizado por una horrible aparición con brillantes ojos rojos, mirándolo a través de las oxidadas puertas de hierro. Otro hombre que caminaba por el oscuro y prohibitivo *Swain's Lane*, se encontró repentinamente derribado al suelo por una criatura temible que "parecía deslizarse" desde la pared del cementerio. Solo fue salvado por los faros de un automóvil que se acercaba y que parecían hacer que la "cosa" se disolviera en el aire.

De las personas que ingresaban regularmente a Highgate, surgieron dos jóvenes con claros intereses en lo oculto. Sus nombres eran David Farrant y Sean Manchester, y pronto se convirtieron en las voces principales del misterio de Highgate. Manchester, un cazador de vampiros autodenominado, presidió la Sociedad Oculta Británica y fundó la Sociedad de Investigación de Vampiros; Farrant, un wiccano y místico, estableció la Sociedad Británica de Psíquicos y Ocultos.

Ambos evidenciaron el nivel de destrucción en el cementerio, especialmente Farrant, quien había documentado el momento en el que las bóvedas se habían abierto y los ataúdes fueron destrozados. Una bóveda cerca de la puerta superior estaba abierta de par en par y se podían ver los restos de un esqueleto que había sido arrancado de un ataúd. Se había entrado así en otra bóveda del camino principal y se había prendido fuego a uno de los ataúdes del interior.

• • •

Las autoridades lucharon por reprimir el vandalismo y tomar medidas enérgicas contra los intrusos. Pero los residentes no estaban necesariamente convencidos de que la gente tuviera la culpa. Aparecieron avistamientos de una figura sombría en Highgate, la Sociedad Oculta Británica recibió dos afirmaciones específicas de testigos presenciales: ambos describieron un encuentro inquietante con un "espectro alto y oscuro" que los paralizó temporalmente.

Encuentros oscuros

El 21 de diciembre de 1969, Farrant decidió pasar la noche en Highgate. Quería confirmar o desacreditar las preocupaciones de esta figura macabra. Cuando se acercó a las puertas del cementerio a la medianoche, vio a una persona alta deambulando por el interior del cementerio. Acercándose poco a poco, estimó que la figura tendría más de dos metros de altura.

Más tarde recordó haber visto dos ojos en la parte superior de una forma inhumana.

Farrant, quien se encontraba abrumado por el miedo, se dio la vuelta. Cuando se volvió, la figura se había ido.

Después de este suceso, Farrant escribió una carta al *Hampstead & Highgate Express* para preguntar sobre otras experiencias inusuales en Highgate. Las respuestas llegaron, y la mayoría hizo referencia a un fantasma imponente que había estado apareciendo durante varios años.

Otras historias se referían a un hombre alto con sombrero que cruzó Swains Lane, una calle que atraviesa el medio del cementerio, y desapareció en una pared del cementerio. Algunos dijeron que las campanas dentro de la capilla del cementerio sonaron mientras el hombre avanzaba.

Poco después de la carta original de Farrant, los cadáveres de zorros y los restos de otros animales aparecieron cerca de Highgate. Según los informes, los cadáveres de animales fueron desangrados con laceraciones en la garganta.

Tales informes llevaron a especular que Highgate tenía un vampiro, un vampiro real, como creía Manchester, quien le dijo *al Hampstead & Highgate Express* que la figura macabra era el Rey Vampiro de los No Muertos de Valaquia. Creía que el chupasangre real fue una vez un noble medieval que practicaba la magia negra.

Los seguidores del Rey usaron un ataúd para pasar de contrabando al no muerto a Inglaterra en el siglo XVIII. Finalmente, se posó en los terrenos del cementerio de

Highgate, hasta que alguien lo sacó de su sueño. Y con eso nació el vampiro de Highgate.

Mientras tanto, más cartas que relataban encuentros aterradores en las cercanías de *Swain's Lane* seguían apareciendo en las páginas de la prensa local. Un ciclista fantasmal, subiendo por la empinada pendiente, había asustado a una joven madre, mientras que otros desafortunados lugareños habían presenciado a un hombre alto con sombrero de copa que paseaba despreocupadamente por la carretera y luego desaparecía en la pared del cementerio. Su paseo nebuloso, decían, iba siempre acompañado de un tañido lúgubre de las campanas de la antigua capilla en desuso.

Las historias llenaban de energía al público. Farrant y Manchester aumentaron el frenesí, ya que se habían vuelto cada vez más combativos entre sí y con la prensa. Durante una entrevista conjunta de marzo con ITV News, la pareja declaró a través de una serie de desafíos que una caza de vampiros comenzaría en el cementerio de Highgate la noche del viernes 13.

Periodistas y equipos de televisión se alineaban en las puertas del cementerio, al igual que una multitud de espectadores y aspirantes a cazadores de vampiros. La policía luchó por mantener la multitud, pero pronto se vio abrumada; los individuos escalaron las puertas y corrieron por el cementerio en busca del vampiro.

La caza no logró encontrar a la supuesta criatura, por supuesto. Aunque algunos de los que participaron afirmaron haber encontrado una figura acechando en el cementerio.

Farrant y Manchester continuaron sus investigaciones paranormales en el cementerio de Highgate durante la década de 1970. Farrant incluso fue arrestado una noche después de que la policía lo encontrara cerca del cementerio con un crucifijo y una estaca de madera.

La relación entre los dos hombres continuó deteriorándose; ambos consideraron al otro un fraude y se propusieron numerosos duelos a muerte.

Cuando Manchester publicó su propio relato del misterio de Highgate llamado *The Highgate Vampire,* Farrant respondió con *Beyond the Highgate Vampire*. Mientras tanto, el cementerio de Highgate se benefició de la mayor atención de los medios.

En 1975, se estableció el fondo *Friends of Highgate Cemetery Trust*, ambas secciones del cementerio fueron adquiridas en 1981 y desde entonces han sido mantenidas por este mismo fondo. Un proyecto de restauración masiva en la década de 1980 por parte de los entusiastas del mismo ayudó a revertir el abandono de las décadas anteriores. Cuando despejaron los caminos y descubrieron, una vez más, muchas de las tumbas espectaculares, la actividad fantasmal comenzó a retroceder.

Hoy, los avistamientos espectrales se reducen al fantasma de una anciana loca, cuyo largo cabello gris fluye detrás de ella mientras corre entre las tumbas, en busca de sus hijos, a quienes se supone que asesinó en un ataque de furia loca.

También se ha reconocido a una figura envuelta que mira pensativamente al espacio, aparentemente ajena a la presencia de testigos, a menos que se acerquen demasiado, tras lo cual se desvanece, solo para reaparecer a poca distancia, adoptando la misma pose meditativa.

Conclusiones

A partir de 2013, solo se puede acceder al West Cemetery mediante una visita guiada de una hora, que también incluye el acceso al East Cemetery. El cemeterio del este se puede recorrer solo o con un guía. Recorrer cualquiera de las secciones requiere la compra de un boleto.

. . .

Si bien la histeria que rodea a Highgate y su supuesto vampiro se ha calmado, los hermosos jardines aún merecen una visita. Sin embargo, si programas un viaje, puede ser aconsejable comprar un diente de ajo, solo para estar seguro/a.

16

Cementerio Peace Church (Iglesia de la paz)

Ubicación

Joplin, Missouri

A pesar de su nombre tranquilizador, el cementerio de *Peace Church* es todo menos pacífico. Los investigadores paranormales están convencidos de que el cementerio aislado está embrujado, mientras que los visitantes han experimentado sonidos misteriosos, voces incorpóreas y luces espeluznantes. Algunas almas desafortunadas incluso informan haber sido arrojadas por escombros y regresar a casa con arañazos inexplicables.

Y, por supuesto, está la figura sombría que se sabe que acecha a lo largo del borde del antiguo cementerio... Uno de los cementerios más antiguos de Joplin, Missouri, *Peace Church* es el hogar eterno de los primeros fundadores y pioneros de la ciudad. Pero el residente más famoso de este pequeño lugar de descanso está enterrado en una tumba sin nombre a las afueras de los terrenos del cementerio.

La leyenda de Billy Cook

Cuenta la leyenda que la figura al acecho es el fantasma de Billy Cook, quien murió a sus 21 años. El 30 de diciembre de 1950, Billy Cook comenzó una ola de asesinatos durante 22 días que se extendió por varios estados y cobró la vida de seis personas. Fue enterrado en una tumba sin nombre en las afueras del cementerio de la Iglesia de la Paz en 1952.

Cook nació en 1929 y creció cerca de Joplin. Su padre era un trabajador minero que, tras la muerte de la madre de Cook, lo crió a él y a sus siete hermanos y hermanas en un pozo de mina abandonado. Una noche, el padre de Cook se subió a un tren de carga y dejó que los niños se las arreglaran solos.

Después de un tiempo, las autoridades encontraron a los niños acurrucados en la antigua mina, viviendo como animales. Todos fueron colocados en hogares de acogida, excepto que ninguna familia quería acoger a Billy porque todos informaron algo siniestro sobre él. Finalmente fue acogido por una mujer que solo accedió a hacerlo por dinero del gobierno.

Cuando era adolescente, Billy se metió en muchos problemas y se tatuó las palabras "*Hard Luck*" (mala suerte) en los nudillos. Terminó pasando la mayor parte de su año formativo en un reformatorio. Rápidamente fue uno de los estudiantes más peligrosos de la institución y fue enviado a la Penitenciaría de Missouri. Mientras estaba allí, golpeó a otro recluso con tanta fuerza con un bate de béisbol que el hombre casi muere.

En 1950, Cook fue liberado y regresó a Joplin para buscar a su padre. Poco después, Billy Cook se fue de la ciudad y comenzó a hacer autostop por todo el país viviendo brevemente en California y Texas. En algún momento del camino, compró una pistola calibre .32 de punta chata, secuestró a su primera víctima cerca de Lubbock, Texas, y obligó al hombre a entrar en el maletero de su propio automóvil mientras Cook seguía conduciendo.

El hombre secuestrado pudo usar una manija de gato para abrir el maletero. Lo mantuvo presionado hasta que Cook se desvió de la autopista hacia una carretera rural, esperando hasta que en el momento adecuado, saltó y escapó corriendo por la llanura. Cook siguió conduciendo hasta que el coche se quedó sin gasolina en algún lugar entre Claremore y Tulsa.

Dejó el vehículo a un costado de la carretera y comenzó a caminar hasta que detuvo un Chevy 1949 y le dijo al conductor que tenía problemas con el auto y necesitaba que lo llevaran. El conductor, Carl Mosser, viajaba con su esposa, Thelma, y sus tres hijos pequeños desde Decateur, Illinois a Nuevo México. En ese tiempo, se conocían menos los peligros de recoger a gente en las autopistas, por lo que Carl Mosser, feliz de ayudar al joven, permitió que Cook subiera al automóvil con su familia.

Una vez en el auto, Cook apuntó con el arma a Mosser y lo obligó a conducir hasta Wichita Falls, Texas. Mosser finalmente pensó que tenía la oportunidad de perder a Cook en el camino hacia Wichita Falls cuando instó a Cook a que le permitiera cargar gasolina: entró en una estación y le dijo al anciano asistente que quería llenar el tanque.

Cuando pidió, por orden de Cook, que le trajeran algo de carne para el almuerzo, el asistente le dijo que tendría que entrar a buscarla él mismo.

. . .

Cook siguió a Mosser adentro, y fue entonces cuando Mosser agarró a Cook y trató de inmovilizarlo por detrás. El anciano asistente vio a los dos hombres luchando y sacó un revólver calibre .44, ordenando a Mosser que soltara a Cook. Mosser trató de explicar qué estaba pasando, pero el asistente les ordenó que se fueran.

Ambos hombres continuaron peleando, hasta que Cook se separó y empujó a Mosser a través de una ventana de vidrio.

El anciano, ahora aterrorizado, se encerró dentro mientras Cook ordenaba a Mosser que volviera al coche. Mientras se alejaban, el anciano saltó a su camioneta y los persiguió. Cook lo vio venir y le disparó varios tiros, lo que hizo que abandonara la persecución.

Ahora furioso, Cook obligó a Mosser a conducir a Carlsbad, Nuevo México, luego a El Paso, Texas, luego a Houston, luego a Winthrop, Arkansas y finalmente de regreso a su antigua ciudad natal de Joplin. Después de más de 72 horas de esta conducción maníaca, los niños se pusieron histéricos y comenzaron a llorar.

Cook amordazó a todos menos a Carl. En poco tiempo, Cook se cansó de su juego trastornado y apuntó con su pistola a la familia, asesinando a todos ellos, al igual que al perro de la familia. Arrojó sus cuerpos a su antigua casa, el pozo de la mina abandonada cerca de Joplin.

Finalmente, el automóvil de Mosser fue encontrado abandonado cerca de Tulsa. Se ha descrito como una escena de terror con sangre salpicada por toda la tapicería rajada. Pronto se descubrieron los cuerpos de la familia Mosser... junto con el recibo de la pistola de Cook. Pronto se supo su identidad y se inició una búsqueda masiva.

Después de los múltiples asesinatos, Cook se dirigió a California y secuestró a un ayudante del sheriff que estuvo a punto de lograr atraparlo. Obligó al hombre a conducir mientras se jactaba de haber asesinado a la familia Mosser. Después de más de 50 kilómetros recorridos, Cook ordenó al oficial que se detuviera y se tumbara en una zanja con las manos atadas a la espalda, diciéndole también que le iba a meter una bala en la cabeza. Justo cuando el oficial pensó que estaba a punto de tomar su último aliento, por alguna razón Billy se subió al auto y se fue. El oficial nunca supo por qué se salvó.

Poco tiempo después, Cook atrapó a otro automovilista llamado Robert Dewey. Después de que Cook lo hirió, los dos hombres lucharon y el automóvil se salió de la carretera hacia el desierto. Cook disparó una bala hacia la cabeza de Dewey, asesinándolo, y arrojó su cuerpo a una zanja.

Fue entonces que Cook decidió dirigirse a México; secuestró a dos hombres y se los llevó a Santa Rosalía en Baja California. Una vez allí, Cook fue reconocido por el jefe de la policía local, Francisco Morales, quien simplemente se acercó a Cook, le arrebató el arma y lo arrestó.

Luego, Cook fue trasladado de urgencia a la frontera y entregado al FBI. A pesar del asesinato de la familia Mosser, el Departamento de Justicia entregó a Cook a los tribunales de California y fue juzgado únicamente por el asesinato de Robert Dewey. Fue condenado a muerte y murió en la cámara de gas de San Quintín el 12 de diciembre de 1952.

El cuerpo de Cook fue devuelto más tarde a Joplin, pero nadie quería tener nada que ver con él. Finalmente, el pueblo decidió enterrarlo fuera de las puertas del cementerio de la Iglesia de la Paz en una tumba sin nombre. Mucha gente cree que su espíritu inquieto ronda los terrenos hasta el día de hoy.

. . .

Si bien el cementerio se inició en 1855, ha estado abandonado durante más de tres décadas. Según la ley de cementerios abandonados de Missouri, esto significa que el cementerio pertenece a los descendientes de sus habitantes. Por desgracia, no queda nadie para heredar la Iglesia de la Paz, por lo que los voluntarios realizan todo el mantenimiento y el cuidado de los terrenos.

Dado que el cementerio es tan antiguo, muchos de los cuerpos fueron enterrados cuando las leyes de entierro eran menos estrictas, lo que significa que no siempre estaban enterrados a suficientes metros por debajo de la superficie. Desde entonces, numerosos ataúdes se han derrumbado bajo el peso del suelo, mientras que las lápidas se han movido de su lugar. Incluso existe el peligro de que las lluvias primaverales desentierren restos enterrados durante mucho tiempo.

Si es así, el fantasma de Billy Cook no será la única alma inquieta que frecuenta la Iglesia de la Paz.

Conclusión

¿Qué piensas? ¿Crees que el espíritu de Billy Cook está rondando el cementerio de la Iglesia de la Paz, enojado porque su lugar de descanso final estaba fuera de las puertas del cementerio? ¿Alguna vez has querido ver a Billy en los árboles o tienes la inquietud de vivir alguna otra experiencia espeluznante en el cementerio de la Iglesia de la Paz?

17

Cementerio el Campo Santo

UBICACIÓN

San Diego, California

El Cementerio El Campo Santo fue un cementerio católico que se inició en 1849. Muchos de los primeros habitantes de San Diego fueron enterrados en este cementerio; aunque actualmente es solo una fracción de su tamaño original, y solo contiene 447 tumbas visibles. Este cementerio una vez incluyó el área que ahora es el distrito comercial de *Old Town*, e incluso llegó a incluir todo el terreno hasta *Old Town Avenue*.

Sin embargo, a medida que la ciudad crecía, se trasladaron algunas tumbas para dar cabida a los vivos, tanto así que hasta se construyeron carreteras y edificios encima de algunas tumbas, lo que también sucedió en San Francisco a principios de siglo en el distrito de Richmond.

Esta práctica en San Diego comenzó en 1889, cuando los vivos decidieron construir una línea de tranvías tirados por caballos a través del cementerio, justo sobre 18 tumbas existentes. Esta línea de tranvías eventualmente se convirtió en una calle, San Diego Boulevard. En 1942, se convirtió en una moderna calle pavimentada. Muchas áreas o edificios pavimentados ubicados cerca o alrededor del cementerio tienen tumbas debajo, lo que causó problemas a los vivos.

Con solo medio acre de tamaño total, El Campo Santo, o el Campo Sagrado, es uno de los cementerios más pequeños que encontrarás en California. Aproximadamente del tamaño de un pequeño estacionamiento de gasolinera, está compuesto por cruces de madera blanca en todas partes, con ciertas parcelas encerradas por vallas de estacas. Un muro de ladrillo bajo sirve para delimitar su perímetro.

Construido en 1849, El Campo Santo tiene la lamentable distinción de estar ubicado a la vuelta de la esquina de la infame casa *Whaley* de San Diego. Este único hecho es suficiente para otorgarle al cementerio una tradición de embrujo; desafortunadamente, no termina ahí.

Aunque el cementerio ahora se considera un hito histórico, este estado parece hacer poco para disuadir a los fantasmas. Considerado por muchos como uno de los lugares más encantados de San Diego, los eventos que ocurren actualmente en El Campo Santo y sus alrededores parecen validar el disgusto de los espíritus por la falta de respeto que enfrentaron.

Quizás lo más premonitorio de todo es el hecho de que el cementerio es el hogar de James *"Yankee Jim"* Robinson.

Colgado a solo dos cuadras de distancia en el sitio donde ahora se encuentra la casa de los Whaley, muchos creen que el fantasma de Robinson ronda regularmente El Campo Santo. Comenzaremos con esta historia.

La casa Whaley

El jefe de la familia Whaley, Thomas Whaley, diseñó la casa él mismo, y la construcción comenzó en 1856. Terminada el año siguiente, esta casa fue la primera de su tipo en la ciudad de San Diego. Thomas fue citado diciendo: "Mi nueva casa, cuando esté terminada, será el lugar más hermoso, más cómodo y conveniente de la ciudad o dentro de un radio de 150 millas de aquí".

Si tan solo pudiera haberse equivocado. Si bien es cierto que su casa era realmente hermosa, los horrores que siguieron fueron todo lo contrario. Poco después del nacimiento del hijo de Whaley, Thomas Junior, se encontraron con la tragedia. El pobre niño había contraído fiebre escarlatina y murió apenas 18 meses después de su nacimiento.

Poco después, se produjo un incendio que destruyó parte de la casa que Thomas había transformado en una tienda general. Consternados por las pérdidas significativas, los Whaley decidieron que era hora de un cambio y se mudaron a San Francisco.

En el transcurso de los siguientes diez años, Thomas invirtió en acciones que demostraron ser económicamente beneficiosas.

Con sus asuntos en orden, él y su familia se mudaron de regreso a San Diego para intentar reparar lo que había sido arruinado por el incendio tantos años antes.

. . .

La reparación de la casa se realizó a finales de 1868, y todo marchaba bastante bien para los Whaley... por ahora. Lamentablemente, cualquier felicidad que hubieran podido encontrar resultó ser de corta duración, ya que en 1885, una de sus seis hijos, Violet, se quitó la vida.

Pero tenemos que remontarnos tres años antes de su suicidio para saber qué la obligaría a hacer tal cosa. En 1882, Violet y Anna Whaley se casaron con George T. Bertolacci y John T. Whaley, respectivamente. Pero solo dos semanas después del matrimonio de Violet, la mujer se despertó una mañana durante su larga luna de miel y descubrió que su esposo se había ido.

Resulta que Bertolacci era un estafador que solo se casó con Violet con la esperanza de asegurar algunas de las fortunas de la familia Whaley tras su matrimonio. Cuando esto no llegó a buen término, salió disparado, dejando a Violet sola y fuera de sí.

Durante estos tiempos, la sociedad tendía a evitar a las mujeres que regresaban a casa sin sus maridos, ya que era algo que las mujeres del siglo XIX simplemente no hacían. El divorcio tardó casi un año en concretarse y Violet nunca se recuperó de la vergüenza. A la temprana edad de 22 años, se pegó un tiro en el pecho con un calibre 32. Dejó una nota de suicidio que citaba un poema de Thomas Hood.

Otra hija de Whaley, Corrine, estaba comprometida para casarse en el momento de la muerte de Violet, pero su prometido rompió el matrimonio debido al escándalo que el suicidio provocó en la familia. Después de eventos tan trágicos, Thomas construyó a la familia una nueva casa no lejos de la casa Whaley, dejando su casa original vacía durante casi dos décadas.

Fue allí donde Thomas Whaley encontraría su destino, muriendo en 1888 debido a su salud en declive. En los años siguientes, la casa Whaley cayó en mal estado. No fue hasta 1909 que el hijo de Thomas Whaley, Francis, asumió la enorme ocupación de restaurar la granja de los Whaley.

En lugar de convertirlo en su hogar, Francis aprovechó esta oportunidad para convertir el área en una atracción turística, promocionando su historia mientras entretenía a los invitados con su guitarra. El resto de la familia Whaley superviviente (Anna Whaley, la viuda de Thomas, Corinne Lillian, Francis y George) vivieron en la casa original hasta su muerte.

. . .

La casa Whaley es quizás el más famoso de todos los lugares encantados de San Diego, con sus historias contadas en revistas, películas y programas de televisión. Incluso antes de toda la tragedia que les sobrevino, los Whaley le dijeron al periódico local que estaban experimentando un *poltergeist* que creían que era el fantasma de James "*Yankee Jim*" Robinson, quien fue ahorcado en la propiedad por robar un bote años antes de que la casa fuera construida.

Un compañero desagradable

Un artículo del periódico *Los Angeles Herald* de octubre de 1873 nos da una idea más clara de quién era Robinson y por qué fue ahorcado.

El artículo mencionaba que en agosto de 1852 existieron en San Diego tres hombres desagradables, llamados James Robinson *'Yankee Jim'*, James Grayson Loring y William Harris.

Provenían de los primeros campamentos mineros, y poco después de su llegada se obtuvo información de carácter confiable que señalaba a *Yankee Jim* como un personaje peligroso. Se decía que había holgazaneado por varios campamentos mineros y, viendo su oportunidad, se abalanzó sobre los mineros en lugares apartados, los asesinó y les robó su oro y baratijas.

Mientras se portara bien, no fue molestado en San Diego. *Yankee Jim* era un canadiense-francés, de seis pies y tres o cuatro pulgadas de altura y bien desarrollado físicamente. Tenía cualquier cosa menos una apariencia atractiva y fue rechazado por todas las personas respetables. No era el tipo de persona que te gustaría conocer en un callejón oscuro, eso es seguro.

Yankee Jim y sus dos compañeros robaron un bote en el puerto, que luego desertaron y dejaron a la deriva.

Éste pertenecía a Joseph C. Stewart y a Enos Wall, quienes encontraron su propiedad pocos días después de que fuera robada, arrastrada de la playa a unos kilómetros de la costa.

El artículo continúa hablando sobre el juicio y la eventual ejecución en la horca por el robo del barco. Curiosamente, el presidente del jurado fue Cave J. Couts, un nombre que a menudo se menciona durante las historias de fantasmas de San Diego.

. . .

La embarcación del Campo Santo

Aquellos que viven y trabajan en los alrededores del pequeño cementerio suburbano informan regularmente sobre sucesos extraños que solo pueden atribuirse a un fantasma. Los cortes de energía intermitentes ocurren sin explicación, lo que irrita a quienes intentan vivir en armonía con los muertos.

Los sistemas de alarma se encienden y se detienen a voluntad, las luces parpadean aleatoriamente en los hogares y negocios; incluso sus electrodomésticos se encenderán y apagarán inexplicablemente.

Pequeñas molestias como estas son la norma mientras se vive cerca del Cementerio El Campo Santo.

Todo lo que parece estar relacionado con la pavimentación de las tumbas de los muertos también es afectado: las alarmas de los automóviles se activarán y desactivarán sin motivo, por ejemplo. Aquellos que estacionan sus vehículos cerca del cementerio a menudo se encuentran con dificultades al intentar arrancarlos.

Se han visto numerosas apariciones en El Campo Santo y sus alrededores, deslizándose directamente sobre las lápidas. Por lo general, vestidos con atuendos tradicionales del siglo XIX, se cree que estos fantasmas son los de una familia de apellido Workman, quienes constituyen a la mayoría de aquellos ahí enterrados.

Se han informado caídas extremas de temperatura dentro de toda el área en múltiples ocasiones, un signo revelador de una entidad paranormal presente. Estos puntos fríos casi siempre se acompañan por destellos de luz y orbes flotantes, las personas que los han experimentado dicen que se les compara con entrar repentinamente en un congelador.

Esta es una declaración bastante impactante, ya que incluso los meses más fríos de San Diego se reducen a poco menos de 50 ° F.

En varias ocasiones, los visitantes del cementerio histórico han atestiguado haber confundido a los *poltergeists* con los empleados del parque. Al llegar al "empleado" para conversar, de repente se desvanecerán. Se ven algunos fantasmas flotando también con solo la parte superior del torso, avistamientos que pueden indicar cómo murió el espíritu.

Muchos turistas han tomado fotografías en El Campo Santo y sus alrededores, y luego encontraron objetos misteriosos esparcidos por todas sus fotografías; objetos que no estaban allí anteriormente.

Una aparición femenina no identificada se desliza regularmente alrededor del muro sur, luciendo un vestido victoriano blanco. Ella se desmaterializa rápidamente al entrar en contacto. También se han difundido informes de un espíritu nativo americano. Se dice que éste flota a una o dos pulgadas del suelo; su identidad permanece desconocida.

Dejando lo mejor de lo peor para el final, el cobarde *Yankee Jim* Robinson tiene quizás la historia más oscura de todos los que están enterrados en El Campo Santo. Se sabe que las sensaciones abrumadoras perturban a quienes deambulan por su tumba. Una aparición alta y oscura que se cree que es suya se ha visto por ahí durante mucho tiempo, lo que hace pensar que de hecho es Robinson.

El hostigamiento de quienes viven en los alrededores de El Campo Santo se salió de control a lo largo de los años, tanto que en 1996 la comunidad local se reunió para discutir qué se podía hacer con respecto a los crecientes fantasmas. Después de mucho debate, decidieron que el mejor curso de acción sería contratar los servicios de un sacerdote.

. . .

Con cada miembro aportando su propio dinero, pagaron para que se realizara un exorcismo en el cementerio. Una vez que se completó el exorcismo, notaron una caída sustancial en la actividad demoníaca. Los lugareños y los turistas ya no son atormentados a diario como antes.

Conclusión

Si bien es una pena que se hayan profanado tantos sitios durante la expansión de la ciudad, hay cierto apaciguamiento para los muertos. A lo largo de las aceras, pequeños discos metálicos con las palabras "Tumba" están incrustados donde los muertos están enterrados debajo.

Con estas marcas y el cementerio ahora exorcizado, los visitantes de la comunidad ahora pueden apreciar el Cementerio El Campo Santo sin temor a ser molestados por sus espíritus. Si bien todavía ocurren fantasmas, son bastante infrecuentes en comparación con antes de 1996.

El resto de los lugares encantados más conocidos de San Diego siguen siendo un punto importante para la actividad fantasmal, atrayendo a más investigadores paranormales y cazadores de fantasmas cada año.

Si bien el cementerio de El Campo Santo está parcialmente cubierto por carreteras y edificios modernos, se espera que lo que quede se conserve para que las generaciones futuras conozcan sus cimientos y los que están enterrados allí.

Conclusión (¡que duermas bien!)

De Florida a Maine y de Maryland a Arizona, desde Estados Unidos hasta Londres, los fantasmas en los cementerios y sus intrigantes historias brindan a miles de visitantes anualmente información misteriosa e interesante sobre la historia y la cultura de las áreas.

Los cementerios embrujados son un fenómeno presente en todo el mundo. Son tan comunes que incluso pareciera que cuando algunas personas pasan al otro lado, no aceptan el tener que dejar su vida previa detrás. Si bien es más común que se les encuentre en un lugar donde vivieron o trabajaron, a veces eligen permanecer en el cementerio que alberga a su cuerpo terrestre.

También es interesante notar que el comportamiento de los fantasmas involucrados es tan variado como las personalidades entre los vivos. El niño juguetón, la víctima enojada, el jefe de policía vigilante, la madre afligida, el

Conclusión (¡que duermas bien!)

hombre vengativo o la señora controvertida, todos parecen reflejar quién era esa persona cuando estaba viva. Sin embargo, como has visto, no todas las apariciones involucran fantasmas que pueden identificarse fácilmente.

Todavía quedan los gritos misteriosos, las jaurías de perros, los puntos fríos, las grabaciones de voz y los pasos que todo el mundo escucha pero nunca se pueden rastrear. Seamos realistas: las apariciones se niegan a ser clasificadas cuidadosamente y de la misma manera, se niegan a ser explicadas, lo cual es maravilloso para aquellos amantes de lo misterioso.

Si bien los escépticos pueden dar razones para muchas experiencias que parecen inexplicables, todavía hay algunos casos que van más allá incluso de sus habilidades. E incluso así, aunque se pueda dar una explicación racional de un suceso inusual, no significa que este no haya sido de naturaleza paranormal.

Por último, si debes visitar un cementerio, respeta a los muertos que descansan allí. No lo destroces, limpia tú mismo/a y no te arriesgues a dañar ninguna de las lápidas u obras de arte.

Aunque muchos de estos cementerios se remontan a cientos de años, las familias todavía entierran a sus seres queridos en estos cementerios en la actualidad.

Conclusión (¡que duermas bien!)

Es posible que encuentres dolientes genuinos y miembros de la familia durante un viaje a estos lugares sagrados. Si visitas uno de estos cementerios, no olvides tampoco ser respetuoso/a, hablar en voz baja y evitar tomar fotografías de otras personas a menos que se te invite a hacerlo. Nunca se sabe qué puede decidir seguirte a casa si le faltas al respeto, o incluso qué decidirá que no llegues a casa.

www.ingramcontent.com/pod-product-compliance
Lightning Source LLC
LaVergne TN
LVHW021718060526
838200LV00050B/2728